U0111808

大展好書　好書大展
品嘗好書　冠群可期

大展好書　好書大展
品嘗好書　冠群可期

太極長生法門
（四）
——了性了命修程
（附DVD）

趙憲民 著

大展出版社有限公司

自 序

　　古來中華武術的代代傳承，以心口相傳或有師父留一手，傳媳不傳女，或不傳外姓、外族等等文化存在；使許多太極拳派的內修心法，內功精華流失於傳承間。這是目前看各門派的拳架活動，流於身體四肢體操、外在運動，或在意識層面作為、身肢鬥力，在招式變化技巧、身肢上推手作功；把人體自主功能內修，吐納導引、生性健康法門，遺落於代代口授心傳間、失傳了。

　　楊家秘傳太極拳術，秘在張三豐祖師延年益壽功法完整傳承；清初滿族入關，楊露禪祖師將太極精華奧秘隱忍不宣，秘傳至家師第四代，維持完整；武術內外合一功法，內勁源自身心內在，自主功能運動、內臟組織健康根基。

　　大自然生命力本然狀態，展現在出生嬰兒身上，骨弱筋柔、生命力旺盛，神情安舒、血氣順暢，少思少識、性情純覺活潑狀態；隨著成長、求生的心性向外活動過程，身心各層面蘊積了意識，在人體中各種功能層面的意識活動，也形成了相互干擾與阻礙，組織微循環阻滯、細胞生生不息本然退化，是人體功能

減弱、病變或老化的原因；生命力本能的受阻，啟動了人體天擇基因，也即細胞的退化決定了人的壽命。

本系列著述，以現代生理學常識，解說人體內在修為，介紹了秘傳太極武術內功心法，直接在內臟、自主功能運動，內臟肌群健康的產生太極內勁；在常人運動不到的內臟，自律性的內在運動養成，及於細胞代謝活潑健康，是古來武術內修的學問；經人體身心內外生機原理原則，意識自覺本然內修法門，向神氣導引、血氣活絡，全身細胞代謝活潑介紹了太極內修全程，也即衰退細胞復健、抗老化，或有病變得到改善或向痊癒發展的過程。

作者出生於臺灣，年輕時從事煤炭化工業，專心商務與經貿歐美市場，並曾於內地晉中焦炭商貿，整船運銷日本與回銷臺灣；因緣際會經天中大師兄的拳術啟蒙，幸得師承金山派 上壽子、王延年宗師門下，家師也是楊家秘傳太極拳第四代、旅台掌門，專精於內家拳術聲名遠播歐美。

早年在宗師教誨下深得秘傳內家拳術精華，對內臟運動、吐納導引，內外雙修拳術，與老子「無為」的生命本能修持，熱衷用功、深入內在意識、生性，知解人體健壽門徑，對組織細胞恢復生命本然理路深具心得；人體的生命本能道理古今中外皆然，以現代西方生理、解剖醫學、心理分析學，來綜述這武術秘傳身心運動，與先賢內修的意識虛淨、細胞本然恢復道理；如以人體動靜脈血液循環分佈比率，解說武術

的先天呼吸效應；組織體液擴散、恆定機制本然，知解內在修為、陰陽交互法門；或人體中生命元素、原子健結、分子轉化、蛋白質活性狀態，與細胞膜內外離子化通透等，知解內修生性的胎息時程，讓我們更瞭解這古來的性命雙修武學，自覺內修的衰退細胞恢復本然，是生命自然契機的根本，確認了老祖宗延年益壽、可貴的智慧經驗，也將是現代西方醫學上所沒有、珍貴的新課題。

秘傳——太極長生法門（一、二、三、四）系列，分為：入門、進階、性功運動，與了性了命修程四冊介紹，第一冊「入門」階段，丹田吐納、腹式呼吸進入內臟運動，介紹了秘傳內功根基的基本動作，也是常人內臟運動、健康招式；與周天循環、秘傳基本拳架教學。

第二冊「進階」楊家秘傳太極拳術第一、二段拳法教學，內在主導身肢運動、內家拳術養成，向神氣導引內修學習。

「性功運動」是第三冊，進入氣斂入骨、四海通暢修程，與楊家秘傳太極拳架，第三段前半段拳法教學；也是神氣周天、組織血氣活絡進程。

第四冊的「了性了命修程」，楊家秘傳太極拳架第三段後半段拳法教學，介紹了生命自覺與禪、道靜修接軌，全身血氣活絡向神氣長生狀態發展。

書中許多各種圖片攝影，由林月英同學協助規劃，前段各種內臟運動招式圖片，請林彩惠小姐幫忙

攝影，後段秘傳拳架招式，由姚培和同學協助攝影，以及陳榮瑞同學DVD錄影，用心製作，謝謝他（她）們的幫忙與協助，辛苦了!!

　　本系列太極長生法門四冊，以「知其所以然」的說法，詮釋太極武術內修全程，深及細胞衰退的復健、抗老化，是常人身心運動、生性健康的讀本，也是許多失落內功修為的太極拳習者，身心內修的原則解說；或有不周圓、誤植之處，還請海內外同好、太極先進指正與海涵。

趙憲民（字景仁　號天政）
楊家秘傳太極拳第五代弟子
道學　金山派第六代天字輩傳人

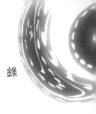

目　錄

自　序 ………………………………………………………3

1. 心性內修 …………………………………………………9

2. 秘傳 第三段 後段 拳架學習：………………………13

　2－1. 楊家秘傳第三段後段（97）—（127）拳譜……13

　2－2. 三段後段（97）—（127）拳法解說…………16

3. 身心自覺拳架運動 ……………………………………111

　3－1. 身心一體修持 ……………………………………112

　3－2. 內在自覺運動 ……………………………………114

　3－3. 開合修程 …………………………………………116

4. 腦中樞自覺內修 ………………………………………123

　4－1. 相對活動隱在 ……………………………………123

　4－2. 脈絡順暢真解 ……………………………………125

　4－3. 脊髓路徑 …………………………………………127

4－4. 及於水谷之海 ………………………… 129

4－5. 四海通暢 ……………………………… 134

4－6. 肌膚若一 ……………………………… 139

5. 神拳運動 ………………………………… 143

5－1. 身心健康的依歸 ……………………… 143

5－2. 生性運動開展 ………………………… 146

5－3. 神的概念 ……………………………… 149

5－4. 神拳 …………………………………… 152

6. 太極長生法門 …………………………… 155

6－1. 壽限制約 ……………………………… 157

6－2.「道」「禪」靜坐接軌 ……………… 159

7. 勤而行之─幸福人生 …………………… 163

太極長生法門（一）──入門 目錄 ………… 167

太極長生法門（二）──進 階 目錄 ………… 170

太極長生法門（三）──性功運動目錄 …… 171

1. 心性內修

　　太極拳內在運動原理，源自《道德經》論述的性命常法，與老子的道性德體靜坐內修，在中華文化傳承中，一動一靜的身心內修健康方法；也與禪宗的靜坐內修，都是人體意識澄淨的健康方法；古印度生活哲學的「禪」，梵文Dhyana、覺也，指一心自在悟覺內修義涵，從被納入佛教中，並成為其重要的身心修行方法。

　　《道德經》在論述人體內在自主功能、生性修持，解說身心的生命本能內修道理，道性德體內修健康的記述；人的外在生活環境，與身心內在功能互動，深及生性、德行根源，身心向外活動習慣，影響細胞的生命本然。

　　老子以「有」解說人體內外意識，以「無」界定細胞覺性，與佛家解說人的迷執狀態相同，人的生活經驗蘊積在身心功能層面，形成不同功能意識習慣或不同迷執狀態，意識構成組織僵化、阻礙了人的身心本然功用；靜坐中的悟解、意識的虛化進展，是人體自主功能本然的漸進活躍，如體內大小功能意識相互干擾靜澄，血氣阻滯消除；是內在自律功能領域的健康道理，深及細胞生性純覺活潑展現。

　　當年釋迦牟尼在菩提樹下靜坐成道，禪定是意識清淨狀態，指腦中樞進入自然無念的定靜狀態；「禪」具「悟覺」、覺知內在自律活動，解開意識、恢復細胞生命本

能，「定」者體現意識虛無的靜心狀態，純覺顯現的自性特徵；佛者覺也，「佛」是梵語，見性成佛是腦性清純、靈覺活現的「淨土」，與道家的見道、基督的聖靈，都是內修達到腦性靈覺展現的最高境界；或細胞復健如嬰兒的「復歸於嬰兒」狀態。

宗教或民俗延傳的歷史色彩，使許多有識之士，也都在朗誦佛經，念佛、求佛的向外迷執，反而對生性健康的禪修不了解，好像禪修是少數人的專利、很可惜；禪、道靜坐或是基督靈修，都是人的意識澄清內修，體現靈性的健康方法。

六祖壇經的定慧，是學禪、修道至理，以壇經中的許多故事，來解讀佛家的「見性成佛」，解除許多人向外求佛的執迷活動。 在《壇經》般若品的無相頌中，說：

「佛法在世間，不離世間覺」；於疑問品中，

韋刺史問曰：「弟子常見僧俗，念佛，願生西方，得生彼否？」

六祖惠能說：「東方人造罪，念佛求生西方，西方人造罪，念佛求生何國？」又說：

「性在身心在，性去身心壞；佛向性中作，莫向身外求。」

說明了這身心健康的見性，在修內心自性淨土，是人在生的事，不是死後往生的西方淨土。

在頓漸品中，六祖問北宗神秀門人志誠：

「未審汝師說戒定慧行相如何？」

誠曰：「秀大師說：諸惡莫作名為戒，諸善奉行名為

慧，自淨其意名為定。」回之。

六祖說：「汝師所說戒定慧，實不可思議也；……」並說：

「不離自性，離體說法，名為相說，自性常迷。」

萬法不能自性起用念佛說法容易「外求」，對禪修、見性有阻礙。《壇經》又說：

「自性迷即是眾生，自性覺即是佛。」

身心自覺禪修理論與要領，是人人都能夠明白掌握的生性健康方法，禪修是人體內在經驗的事，當然是自心歸依「不必外求」，許多向身外發展的「外求」活動，都會妨礙「見佛性」；如對皈依佛、皈依法、皈依僧的三皈，有啟人「向外求」的想法。

六祖說：「若言歸依佛，佛在何處？若不見佛，憑何所歸？言卻成妄！」

六祖特改為：

「自心歸依覺、自心皈依正、自心皈依淨。」

當時六祖壇經的記述精神，已展現了將身心健康本然「直了成佛」的禪修，還給社會大眾；這些轉述，讓許多讀者能明白，自心歸依、自性內修的「修佛」，是人人都能夠掌握、做得到的身心健康活動。

人的身心、生性內在健康道裡，細胞組構人體，古今中外都一樣，太極拳術的內在運動，與道、禪靜坐內修，是人的身心、細胞生性，一動一靜的內修學問；常人的身心向外活動，或迷信這個、迷信那個，使身心蘊存意識越陳越深。

老子說：「五色令人目盲，五音令人耳聾，五味令人口爽，馳騁畋獵，令人心發狂，難得之貨，令人行妨。」（《道德經》12章）。

如古時候的飆馬，現在的飆車……，在西醫的生理學上，已明白的解說，意識使組織細胞衰退、人體老化；內在運動內修，是人體意識的靜、澄、虛、淨進展，工作之餘的內修，並不影響個人事業指標，知解這身心內在健康道理，是對的人生選擇、心志的依歸；進入秘傳拳架第三段，後半段拳架學習。

2. 秘傳第三段後半段拳架學習

> ## 2－1 楊家秘傳 第三段後半段（97－127）拳譜（依 家師親授拳招順序）：

(97).第三趟雲手（12）（03）、（12）（09）。

(98).左單鞭（09）。

(99).進步右高探馬。

(100).進步、左白蛇吐信。

(101).退步右單鞭（03）。

(102).進步、左高探馬（09）。

(103).進步、右白蛇吐信。

(104).左迴身掌（10½）。

(105).轉身右十字腿（4½）、右探身栽錘。

(106).起身左十字腿（1½）、左探身栽錘。

(107).右龍探爪（4½）。

(108).右蟒翻身、白猿獻果。

(109).左龍探爪（1½）。

(110).左蟒翻身、白猿獻果。

(111).右龍探爪（4½）、迴身掌（09）。

(112).左轉身掤手、攬雀尾、如封似閉：

　　　　左轉後方（09）、左掤手、攬雀尾、如封似閉。

(113).**進步右掤手、攬雀尾、如封似閉：**

　　雙手放下、進步右掤手、攬雀尾、如封似閉。

(114).**轉身右單鞭、下勢：**

　　轉左後方（03）、右單鞭（09）、下勢（06）。

(115).**起身左高探馬（09）。**

(116).**上步右七星錘。**

(117).**轉身右單鞭、下勢：**

　　轉左後方（03）、右單鞭（09）、下勢（12）。

(118).**起身右高探馬（09）。**

(119).**上步左七星錘。**

(120).**退步右白鶴亮翅。**

(121).**左右轉身百練腿：**

　　左轉身百練腿（03）；右轉身百練腿（09）。

(122).**退步、左右跨虎（09）：**

　　右腿退半步、左跨虎式、右跨虎式；左跨虎式、右跨虎式。

(123).**左右彎弓射虎：**

　　左彎弓射虎式（7½）；右彎弓射虎式（10½）。

(124).**右左下勢、進步掤連錘、如封似閉：**

　　右採（10½）、進步下勢、起身掤連錘、如封似閉；

　　左採（7½）、進步下勢、起身掤連錘、如封似閉。

(125).**十字手（12）。**

(126).**抱虎歸山（三次）。**

(127).**合太極──收勢。**

1993.06.25.訪問內蒙 攝於包頭的賓館前；
　左起：吳添福師兄、陳家樂師兄、王延年老師、 張
正國師兄、作者與張章師兄。

2-2 三段 後半段（97-127）拳法解說

　　古來太極拳術的拳架運動方向，均以八卦、五行方位表示動向，下面拳招方向如前段教學，均以時鐘方位解說拳架、招式運動方向，大家熟悉、習者從容自在，提升拳架內修自覺效應，更能從容的深入內在直接運動，自覺鬆放是血氣活絡根本。

　　四個正方即面對時針的12點、6點、3點、9點鐘方向，以（12）、（06）、（03）、（09）註明之，四個斜角方位的一點半鐘、七點半鐘、四點半鐘、十點半鐘方向，則以（1½）、（7½）、（4½）、（10½）表示之，每個人很容易進入拳架運動方向、方便學習：

(97). 第三趟雲手：

吸氣─

　　Ⅰ. 微坐右腿、鬆放右手，放下左腳掌、輕提腳尖，腰身向左轉正（12）、放下左腳尖；左手同步隨身轉向、平移前方：（圖1）

圖1

Ⅱ. 身體重心趨向左腿移動、下坐，與右腿轉虛同時，右手收至腰側、掌心向上，與隨身趨向左側下插，左掌微收左肩前、掌心向下（如圖2）；腰身左移同時，右掌勢繼向左腰前側下插，收右腳尖於左腳掌內側，腰身落實左腿然後微升（如圖3）：

→

圖2   圖3

呼氣——

Ⅲ. 上身中正，腰胯趨向左腿下坐，同時雙掌對扳，左手向左腿側下按，右手上托至左肩前：（圖4）

圖4

吸氣─

IV. 身姿原勢不變，雙手掌心翻轉，右掌向下、左掌向上，掌心相對狀（如圖5）；雙掌原勢隨腰身向右（03）轉動，腰身起直，右手向右前方上揚、 劃一大圓，至右側上方、掌心向下，左手小臂互動旋移至胸前（如圖6）：

圖5

→

圖6

V. 腰胯、左腿下坐同時，右手沿右側方下旋至胸前、掌心轉向上方，左手掌心轉向下方、移護於右肘側：（圖7）

圖7

呼氣—

VI. 左後腿蹬起、結合腰
勁直覺貫串脊、臂，右掌順
勢向前上方送出，左掌隨護
右肘下：（圖8）

圖8

吸氣—

VII. 身勢不變，雙手臂微伸，雙掌互動、立掌，右掌
心翻轉向左、左掌心向右（如圖9）；腰胯、左腿下坐同
時，右掌下採、雙手下攦（如圖10）：

圖9　　　　→　　　　圖10

吸氣──

Ⅷ. 上身、雙手隨腰胯向
右轉動,右臂、掌心轉向下
方與向右側旋出,左掌同步
移護、轉動:(圖11)

圖11

圖12

Ⅸ. 旋向右側右臂,隨
腰胯向左旋回、掌心轉向左
方;腰身迴轉向3點正方:
(圖12)

呼氣──

Ⅹ. 左腿蹬起,右手順勢
向前推出,左掌互動移護右
肘側:(圖13)

圖13

吸氣—

ⅩⅠ.腰胯、上身向左轉正（12），右腿腳跟轉向右側，右臂隨身轉動平移右胸前、掌心向下，左手隨身互動：（圖14）

圖14

ⅩⅡ.身體重心移右腿，左手微收移至左胸前、掌心向上，輕提左腳跟微收、虛放（如圖15）；上身中正，右腿、腰胯向下微坐，左掌下插至右腰前側（如圖16）：

圖15　　　→　　　圖16

呼氣─

ⅩⅢ. 腰身中正，腰胯
趨向右腿下坐，同時雙掌對
扳；右手向右腿側下按，左
掌上托至右肩前：（圖17）

圖17

吸氣─

ⅩⅣ. 身姿原勢不變，雙手掌心翻轉、掌心相對狀，
同時左腿向左側前方（09）踏出一步（如圖18）；雙臂、
上身隨腰胯向左轉，左手隨身上移左上方、掌心向下，右
手原勢順移左側腰前、雙掌心相對狀（如圖19）：

圖18

→

圖19

ⅩⅤ.右後腿下坐、腰胯
續向左轉同時，左手沿左側
方旋劃半圓，掌心隨旋至胸
前、掌心向上；右手隨左手
大轉互動微轉，掌心轉向下
方、護於左肘下：（圖2）

圖20

呼氣—

ⅩⅥ.右後腿蹬起、結合
腰勁，直覺經脊、臂，左掌
順勢向前上方送出，右掌隨
護右肘側：（圖21）

圖21

吸氣—

ⅩⅦ.身勢不變，左手立
掌隨腰胯、左腿下坐同時下
採：（圖22）

圖22

ⅩⅧ.上身、雙手隨腰胯
向左轉動，左臂、掌心轉向
下方與向左側旋出，右掌同
步移護、轉動：（圖23）

圖23

圖24

ⅩⅨ.旋向左側左臂，
隨腰胯向左旋回、掌心轉向
左方；腰身迴轉向9點正方：
（圖24）

呼氣──
ⅡⅩ.右後腿蹬起，左手
順勢向前推出，右掌互動移
護左肘下側：（圖25）

圖25

ⅡXⅠ.再從第三趟雲手Ⅰ.到 ⅡX.重複一次（雲手兩次）：（圖1~圖25）

吸氣─

圖1 　　　 圖2 　　　 圖3

呼氣─

圖4

吸氣─

圖5 　　　 圖6 　　　 圖7

呼氣─

圖8

↓

吸氣─

圖9　　　　　圖10　　　　　圖11　　　　　圖12

呼氣─

圖13

↓

呼氣—

圖14 → 圖15 → 圖16

呼氣—

圖17 ↓

吸氣—

圖18 → 圖19 → 圖20

呼氣─

圖21 ↓

吸氣─

圖22 → 圖23 → 圖24

呼氣─

圖25 → 進入（98）

(98). 左單鞭：

吸氣——

I. 微坐右腿，放下左前腳跟、輕提腳尖，隨腰胯向右（12）轉正，與左手平移前方（如圖26）；放下左腳掌、身體重心移左腿，右腳掌收至左腳內側、虛放，右手下移於右腿前、掌心向上（如圖27）：

圖26　　　　　→　　　　　圖27

II. 右手五指抓合、內勾，梅花爪上移面前、指尖朝內，同時左臂、手掌向內平收、移護右腕（如圖28）；雙手小臂轉動、平置與肩平，左掌依護梅花爪、右腕上方（如圖29）：

圖28　　　　　　　　　　圖29

Ⅲ. 上身原勢隨腰胯向右（03）轉動（如圖30）；上身中正、腰胯下坐，雙臂手肘內收肋側（如圖31）；右腿前踏一步、腳跟著地（如圖32）：

圖30　　　　圖31　　　　　　圖32

呼氣—

IV. 放下右前腳尖、輕提腳跟，左後腿蹬直，腿勁腰脊直覺貫手臂，雙手原勢向前平擊出：（圖33）

圖33

吸氣—

V. 上身原勢隨腰胯微坐，同時，放下右前腳跟、翹起腳尖，隨腰身後移腳尖左向內勾、放下右腳掌，雙手掌原勢微收（如圖34）；身體重心前移右腿、微坐，左後腳跟輕提、虛放（如圖35）：

圖34

→

圖35

呼氣──

Ⅵ. 右前腿伸直、起勁，
同時收左腿、腳尖進至右腿
內側，雙手隨身勢前移、順
勢再推出：（圖36）

圖36

吸氣──

Ⅶ. 右手梅花爪原勢不動，左手隨腰身左轉後方
（09），左掌心向下、沿右臂內側平移，經胸前、轉向
左側前方（09），掌心轉向右（如圖37）；腰胯下坐右後
腿，左掌刀向下切落同時，左腳前踏一步、腳跟著地（如
圖38）：

圖37　　　　　　　　　→　　　　　　　　　圖38

呼氣—

Ⅷ. 隨身勢繼續下坐，
左掌續下切至腰平；然後左
手掌心轉向前，隨右後腿起
直、勁根，腰脊勁道直覺貫
串內涵，與放下前腳尖、輕
提腳跟同時，隨身勢趨前、
左掌順勢向前按出與肩高：
（圖39）

圖39

(99). 進步右高探馬：

圖40

吸氣—

Ⅰ. 右後腿半坐腰身，
放下前腳跟、翹起左腳尖隨
腰胯轉左，同時左手掌心翻
轉向上方，放下右手於右腿
側：（圖40）

Ⅱ.左前腳尖放下、落實腳掌，腰身前移左腿、重心微坐，同時收右後腿再向前踏進一步、腳尖著地，與左掌隨腰身轉動微收；右掌上移於左肘上方、掌心向下：（圖41）

圖41

圖42

呼氣—

Ⅲ.左後腿蹬起，左腿勁根、腰勁直覺貫脊臂，右掌沿左臂上方向前削出，左掌微收於胸前：（圖42）

(100). 進步、左白蛇吐信：

吸氣—

Ⅰ.放下右前腳跟、輕提腳尖，隨腰胯右轉、微坐左腿，右腳尖朝右側，右手原勢不變：（圖43）

圖43

呼氣—

Ⅱ. 落實右前腳掌，身體前移右腿、微坐落實重心，左後虛腿收經右腳側，再向前踏出一步、腳尖著地，同時右腿蹬起、勁根貫腰脊，隨身勢前移，右臂掌勢下按，左手順勢向前方插出：（圖44）

圖44

(101). 退步右單鞭：

吸氣—

Ⅰ. 腰身微坐右腿，左手五指抓合、梅花爪向臉部內勾，右掌心轉上、隨護左肘下方：（圖45）

圖45

Ⅱ.左腿後退一步、落下腳尖，隨身下移左梅花爪由內轉向下，右掌心沿左前臂轉動、移護左腕上方：（圖46）

圖46

圖47

Ⅲ.左後腳跟內收、放下腳掌，腰胯向左後方轉動，重心落實左腿、微坐，同時腰身轉向3點鐘方向，雙手原勢隨身轉向左側，右後腿轉虛：（圖47）

呼氣—

Ⅳ.然後腰胯、左腿起直，與收右腿腳尖同時，雙手原勢向前擊出：（圖48）

圖48

Ⅴ. 左手梅花爪原勢
个動，腰身轉向右後方
（09），掌心向下右掌沿左
臂內側平移，經胸前轉向右
側前方、掌心轉向左：（圖
49）

圖49

Ⅵ. 腰胯下坐左腿，右掌刀向下切落（如圖50），同
時右腳前踏一步、腳跟著地（如圖51），與身勢繼下坐、
右掌續下切與腰平：

圖50　　　　　→　　　　　圖51

Ⅶ. 然後右手掌心轉向前，左後腿起直、勁道貫腰脊，放下前腳尖、輕提腳跟同時，隨身勢趨前、右掌順勢向前按出與肩高：（圖52）

圖52

(102). 進步、左高探馬：

吸氣──

Ⅰ. 左後腿半坐，放下前右腳跟、翹起腳尖隨腰胯轉右，同時右手掌心翻轉向上方，放下左手於左腿側：（圖53）

圖53

Ⅱ. 放下右前腳掌、前移重心坐實，收左後腿再向前進一步、腳尖著地，同時微坐右腿，左掌上移右小臂上方、掌心向下：（圖54）

圖54

呼氣——

Ⅲ. 右後腿蹬起，腿勁、腰勁直覺貫脊臂，左掌沿右臂上方向前削出，右掌微收於右胸側：（圖55）

圖55

(103). 進步、右白蛇吐信：

吸氣——

Ⅰ. 半坐右腿，左前腳跟放下、輕提腳尖隨腰胯左轉，左手原勢不變：（圖56）

圖56

Ⅱ. 左前腳尖放下、落
實掌，身體前移左腿、微坐
同時，右虛腿腳尖收經左腳
側與隨身勢前移再向前踏一
步、腳尖著地，左臂掌勢下
按，與右手向前伸出、與左
掌背交叉：（圖57）

圖57

圖58

呼氣──

Ⅲ. 然後左腿後蹬起、勁
根貫腰脊，右手順勢向前方
插出：（圖58）

(104). 左迴身掌：

吸氣──

Ⅰ. 左腿半坐，腰胯向右後
方動轉，與收右前腿經左腳跟後
方退一步、腳尖落在4½方向，
右腳踵趨向左腳跟內側微轉，雙
手隨腰身內收：（圖59）

圖59

II. 放下右後腿腳跟，腰胯半轉、面向1½點鐘，重心落實右腿、微坐，同時翹起左腳尖隨腰身轉動內勾、放下腳掌，左臂原勢隨身旋動、上移同肩高，右臂下收右腰際（如圖60）；重心移左腿，腰跨再向左轉動，左臂上提、掌心轉上，向頭部移護，右手上提胸前、掌心向左（如圖61）：

 →

圖60　　　　　　　　　　圖61

呼氣—

III. 腰胯續向左旋，隨腰身轉動、左掌勢上迎，右掌隨身勢向左後方（10 ½）按出：（圖62）

圖62

(105). 轉身右十字腿、右探身栽錘

吸氣──

Ⅰ. 微坐左腿、腰胯轉
向右後方（4½），雙手前臂
隨身移收胸前，左臂掌心向
下，右掌向下、沿左肘下方
移向左腕下，雙掌交叉狀，
同時提平右大腿，腰胯下坐
左腿：（圖63）

圖63

呼氣──

Ⅱ. 左腿升起，腰身直覺貫串，雙手前後分開與肩
平，同時右腿順勢向前（4½）蹬出（如圖64）：上身原
勢不變，右腿縮回、鬆放（如圖65）：

圖64 　　→　　 圖65

吸氣—

Ⅲ. 腰身原勢左向微轉，同時右手掌心翻轉向內、收至面前，與放下左手：（圖66）

圖66

圖67

Ⅳ. 腰身、左腿向下半坐，右腿向前（4½）跨出一步，右掌經左胸、腰際下落摟向右膝前，同時左手握拳上移腰際：（圖67）

呼氣—

Ⅴ. 放下右前腳掌、重心前移右腿，右掌摟過右膝，同時腰胯前移、下蹲，左拳隨腰身前曲、下擊，左腿腳尖後向微移，右手垂放於右腿外側：（圖68）

圖68

(106). 起身左十字腿、左探身栽錘：

吸氣──

Ⅰ. 下盤原勢不變，右拳放開，雙手隨上身起直上移，左臂在外、雙掌心向前交叉於前額上：（圖69）

圖69

Ⅱ. 上身原勢不變、右腿站起，腰跨向左（03）微轉，與收左後腿、上提（如圖70），然後右腿下坐，微升左腿、腰勁直覺貫全身（如圖71）：

圖70 　　→　　 圖71

呼氣—

Ⅲ. 左腿順勢向前（1½）
蹬出，同時雙手前後分開與肩
平：（圖72）

圖72

吸氣—

Ⅳ. 上身原勢，縮回左
腿、腳尖下垂，同時左手
掌心收翻向內，放下右手：
（圖73）

圖73

Ⅴ. 下坐右腿，左腿向左
前方（1½）跨出一步，放下
右前腳掌，重心前移右腿，
左掌經右胸、腰際下落摟向
左膝，同時右手握拳於腰
際：（圖74）

圖74

呼氣──

VI. 左掌摟過左膝，腰胯前移、下蹲，右拳隨腰身前曲、同步下擊，右腿足尖向後微移：（圖75）

圖75

圖76

(107). 右龍探爪：

吸氣──

I. 腰身起直、微收右後腳尖，落實左腿重心；放開右拳、隨右腿向前方伸出：（圖76）

II. 穩定左腿中心不變，腰胯、右腿向右側旋動，與右手掌心向下、旋向右側：（圖77）

圖77

Ⅲ.腰胯續旋向右後方，右腿經右側向後方勾落，右手向後摟至右胯外側，與左手平移左前方、掌心向右：（圖78）

圖78

Ⅳ.下坐左腿微升，右大腿向上提平同時，左手下收胸前、掌心向下，右手上提於左前臂上方、掌心向上，雙臂交叉於胸前（如圖79）；然後右腿向右前方（4½）踏出一步（如圖80）：

圖79

圖80

呼氣─

Ⅴ. 左後腿起直、腳掌勁根，自覺整合腰脊、右臂乘勢向右前方擊出：（圖81）

圖81

(108). 右蟒翻身、白猿獻果：

右蟒翻身：

吸氣─

Ⅰ. 左腿下坐，右掌、上身隨腰胯旋向右側、掌心隨轉向上，左手隨護右肘側：（圖82）

圖82

Ⅱ. 上身繼續仰旋向左後方，右手旋至臉部右側，左手隨護右肘側：（圖83）

圖83

圖84

Ⅲ. 落實左腿重心同時，後仰腰身、腰跨向右旋動，腰身翻轉向左側方（1½）：（圖84）

呼氣—

Ⅳ. 右腿向右側前方伸直，與下蹲左腿、上身下俯，雙手隨身勢下按：（圖85）

圖85

49

右白猿獻果：

吸氣──

Ⅰ. 右腳尖翹起，隨腰胯、上身右向（4½）轉動，起直左腿，與重心前移右腿、微坐（如圖86）；收回左後腿，然後右腿微伸與輕提左腿，雙掌上提胸側、 掌心向上（如圖87）：

圖86

→

圖87

Ⅱ. 腰身向下、半坐右腿，雙手下移腰際、掌心反轉向下：（圖88）

圖88

呼氣—

Ⅲ. 右腿蹬直、勁根貫腰際，左腿承勢向前蹬出，與雙掌向前同步按出：（圖89）

圖89

圖90

Ⅳ. 右腿微坐、收回左腿，與雙掌微收胸前：（圖90）

(109). 左龍探爪：

吸氣—

Ⅰ. 右腿半坐、穩定中心，放下左腿前腿，隨腰胯經左側轉向後方勾落，同時雙掌順勢前移、左手橫採向左側：（圖91）

圖91

Ⅱ.腰胯繼續旋向左後
方，左手續向後摟收至腰
側、掌心向上，微收左後
腿：（圖92）

圖92

圖93

Ⅲ.下坐右腿、微升，抬
起左腿同時，左手向胸前插
出，右手下移、護於左肘下
方：（圖93）

呼氣─

Ⅳ.微坐右腿，左腿向左
前方（1½）踏出一步、腳尖
著地，然後右後腳掌勁根起
直覺，經腰脊、左臂乘勢向
左前方擊出：（圖94）

圖94

(110). 左蟒翻身、白猿獻果：

左蟒翻身：

吸氣—

I. 下坐右後腿，左掌、上身隨腰胯旋向左側，左掌心隨轉向上，右手隨護左臉側：（圖95）

圖95

II. 上身、腰跨繼續旋仰向後方，左手旋至顏面上方（如圖96）；然後腰跨右旋、腰身翻轉向右側方（4½），右掌移護右胸前（如圖97）：

圖96

→

圖97

呼氣─

Ⅲ.落實右腿重心同時，上身向右側前方下俯、右腿下蹲，雙手隨身勢下按，左腿向左前方（1½）伸直：（圖98）

圖98

左白猿獻果：

吸氣─

Ⅰ.左腳尖翹起，隨腰胯、上身左向轉動，右後腿起直，重心前移左腿、微坐：（圖99）

圖99

Ⅱ. 左腿微伸，收回右後腿、輕提，雙手上提胸側、掌心向上；然後腰身下坐左腿，雙掌反轉向下、向腰際下移：（圖100）

圖100

呼氣—

Ⅲ. 左腿蹬直、勁根貫腰際，右腿順勢向前蹬出，雙掌向前同步按出（如圖101）：然後左腿再微坐，收回右腿與雙掌微收胸前（如圖102）：

圖101

→

圖102

(111).右龍探爪、迴身掌：

右龍探爪：
吸氣──

Ⅰ.左腿半坐、穩定中心，放下右前腿、隨腰胯向右側轉動，右手隨勢向右橫採，左手向左側平伸互動：（圖103）

圖103

Ⅱ.腰胯繼續旋向右後方，右手向右、後摟至腰胯外側，與右腿向後方勾落，左手向左上平提、肩高：（圖104）

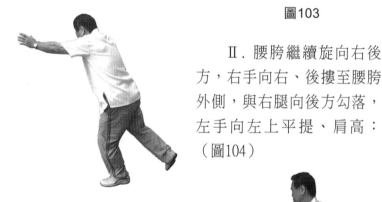

圖104

Ⅲ.下坐左腿微升，右腳尖收至左腳跟側，左手下收胸前、掌心向下，右手上提於左前臂上方、掌心向上，雙臂交叉於胸前：（圖105）

圖105

呼氣—

Ⅳ. 微坐左腿，右腿向右前方（4½）踏出一步、腳尖著地，然後左後腳掌勁根起直覺，經腰脊、右臂乘勢向右前方擊出：（圖106）

圖106

迴身掌：

吸氣—

Ⅰ. 右掌、上身隨腰胯旋轉後仰，腰身落實左後腿，即右手掌心沿右側劃半圓回收於右臉側、掌心向前，同時右前腳尖翹起（如圖107）；右前腳尖隨腰胯右轉、向內勾落腳掌，右掌心轉向下（如圖108）：

圖107

→

圖108

呼氣─

Ⅱ. 重心前移右腿、伸直起勁，左後腿、腳尖收置右腳掌內側，與右手上托同時，胸前左掌順勢向右側方（03）推出：（圖109）

圖109

（112). 左轉身掤手、攬雀尾、如封似閉：

左後轉身、掤手：
吸氣─

Ⅰ. 維持右腿重心、虛放左腿，腰身轉向左後方（09），雙手隨腰身轉收、下移，左手掌心向內、手肘半抱與心平，右手指尖貼近左腕上方：（圖110）

圖110

呼氣─

Ⅱ. 左腳前踏半步、虛放，右腿蹬起、腳掌勁根上貫，與左前腳掌放下、腳跟輕提同時，右後腿結合腰部勁道直覺貫脊、臂，雙臂掌勢向前掤出與腋平。（圖111）

圖111

左攬雀尾：

吸氣─

Ⅰ. 右腿半坐、腰胯左轉，同時右手向右側下旋至腰側、掌心向上，左手向左側上移肩平、掌心向右側下，雙手掌心相對：（圖112）

圖112

Ⅱ. 右腿繼續向下微坐、腰胯續向左微轉，同時左手下旋於左大腿前側，與右手旋向右側上方、肩平，雙手掌心依然上下相對：（圖113）

圖113

圖114

Ⅲ. 雙腿原狀、腰身右轉，雙手隨身轉向、掌心相對微收，合抱於胸前：（圖114）

Ⅳ. 腰胯微微後坐、上身趨向左前腿方向（09）轉正，右手指尖貼於近左腕、雙手微收於胸前，左前腳跟輕提、腳尖虛放：（圖115）

圖115

呼氣—

V. 右後腿蹬直、勁根結合腰部勁道，直覺經脊髓貫雙臂，隨腰身趨前同時，雙手順勢向前擠出：（圖116）

圖116

左如封似閉：

吸氣—

I. 左掌心向上、雙掌原勢回收胸前，雙手肘內合與半坐右後腿（如圖117），腰身前移左前腿、坐實重心，同時左掌心翻轉向下（如圖118）：

圖117

→

圖118

呼氣—

Ⅱ. 左前腿蹬直，勁根結合腰勁，直覺貫脊、臂，與右後腳尖收於左腳掌內側同時，右掌心向前順勢推出，左掌隨護右肘下方：（圖119）

圖119

吸氣—

Ⅲ. 重心移右腿、向下坐實，左腳跟輕提、虛放腳尖同時，右手自胸前移收，雙掌互動收合手肘、掌心向前與肩同寬高：（圖120）

圖120

呼氣—

Ⅳ. 上身不動，左虛腿向前移半步，然後右後腿蹬直，腳掌勁根結合小腹內勁，腰脊直覺貫雙臂、與腰身趨前同時，雙手掌順勢同步向前按出：（圖121）

圖121

(113). 進步右掤手、攬雀尾、如封似閉：

雙手放下、進步右掤手：
吸氣—

Ⅰ. 腰身中正原勢、下坐右後腿，同時放下雙手與前腳跟，翹起左腳尖：（圖122）

圖122

呼氣—

Ⅱ 左前腳尖隨腰胯左向半轉，與落實左前腳掌，然後腰身前移左腿、坐實，右腳跟輕提、腳尖虛放：（圖123）

圖123

吸氣—

Ⅲ. 微起左腿、上提右腿同時，雙手上移，右前臂半抱於腹前、掌心向內，左手掌指貼護於右腕：（圖124）

圖124

呼氣—

Ⅳ. 腰胯、左腿下坐，右腳尖前踏半步，然後左腿蹬起、勁根經小腹內外肌群整合，內在勁道直覺貫脊、臂，雙手順勢向前掤出：（圖125）

圖125

右攬雀尾：

吸氣—

Ⅰ. 雙腿、腳掌原勢不變；左後腿微坐、腰胯右轉，左手下旋於左腿前側、掌心向上，右手臂隨腰胯轉動，上提右肩前方、掌心向下：（圖126）

圖126

Ⅱ. 左腿繼續下坐、腰胯續向右轉同時，右手沿右側下旋於右腿前、掌心向上，左手由左側上旋於與肩前、掌心向下：（圖127）

圖127

圖128

Ⅲ. 腰胯向左回轉，相對雙手掌隨腰身迴轉左側，雙手掌微收、合抱狀於左胸前側：（圖128）

Ⅳ. 左側腰胯向右轉正、腰身向9點方向，下坐左後腿同時，右手半抱上移於心前、掌心向內，左手下移貼護於右腕、掌上：（圖129）

圖129

呼氣──

V.左後腿蹬起、腰脊整勁直覺貫雙臂，雙掌相貼原勢朝前擠出：（圖130）

圖130

圖131

右如封似閉：

吸氣──

I.擠出右掌心翻轉向上，雙掌原勢回收、兩臂手肘內合，腰身坐實左後腿：（圖131）

II.放下前右腳跟，左手掌臂不變，隨腰身前移右腿、半坐重心同時，右掌心翻轉向下、護於左腕下方，與左後腿輕提腳跟、虛放：（圖132）

圖132

呼氣—

Ⅲ. 右腿蹬起、腿勁結合
腰際內外肌群，丹田內勁直覺
貫脊臂，與收左腿、腳尖收移
前腳側，腰身趨前、左掌順勢
向前推出，右掌隨護左肘下
方，與左後腳尖：（圖133）

圖133

吸氣—

Ⅳ. 放下左腳跟，重心
左移、落實腳掌，右腳跟輕
提、虛放同時，左手內收、
雙手互動，雙手肘收合、掌
心向前，分移兩腋前、同胸
寬：（圖134）

圖134

呼氣—

Ⅴ. 上身不變、右腿前踏
半步；然後左腿蹬起、勁根
丹田內勁，直覺自腰脊貫雙
臂，與身勢前移同步，雙手
順勢向前按出：（圖135）

圖135

(114). 轉身右單鞭、下勢:

轉身右單鞭:

吸氣─

Ⅰ.腰身中正不變、下坐左後腿,與翹起右腳尖(如圖136),隨腰胯向左後方(03)轉動(如圖137):

 →

圖136   圖137

Ⅱ.腰身轉向左後方、放下右腳掌,重心移右腿、坐實,腰胯繼續向左轉正(03),同時左手五指抓合、梅花爪向下,收合雙臂手肘,右手護於左腕上,與左前虛腿腳尖內收半步:(圖138)

圖138

呼氣—

Ⅲ. 左腿前踏半步，右後腿蹬勁與腰際內外勁道整合，直覺經脊髓貫雙臂，雙手隨身勢趨前，順勢向前擊出與肩平：（圖139）

圖139

吸氣—

Ⅳ. 腰身原勢、下坐右後腿，放下左前腳跟、輕提腳尖，隨腰胯微轉右、內勾左腳尖：（圖140）

圖140

呼氣—

Ⅴ. 放下左前腳掌、重心前移左腿坐實，右後腿轉虛同時，左梅花手內勾原勢、雙臂微收：（圖141）

圖141

吸氣─

Ⅵ. 然後，蹬起左前腿、收右後腳尖，雙手順勢再向前擊出：（圖142）

圖142

圖143

Ⅶ. 微坐左腿，腰身向右後方轉動同時，左梅花手原勢不動，右掌心向下原狀，沿左臂內側移向右胸前：（圖143）

Ⅷ. 微坐左後腿，右掌上提轉向右側（09）上方、掌心左向（如圖144）；腰胯繼續下坐左腿，同時右掌由上而下切落（如圖145）：

圖144　　　　　　　　　　　圖145

呼氣—

　Ⅸ. 右腿前踏一步，然後蹬起左後腿，腿勁結合腰腹肌群內勁，直覺自腰脊、貫手臂，隨腰身趨前、右手同步順勢向前按出：（圖146）

圖146

右下勢：

吸氣──

Ⅰ.重心全坐左腿，同時放下右腳跟、提起腳尖，隨腰胯向左轉（06），與右手隨身轉移右胸前方：（圖147）

圖147

圖148

Ⅱ.腰身、左腿下蹲，與右掌順勢向下切落於右大腿內側，右腿向右側伸直、腳掌著地：（圖148）

呼氣──

Ⅲ.翹起右腳尖，身軀趨向右側、右手隨勢向右腿尖上方探出（如149圖），然後右掌經右腳尖掃向右腿後側：

圖149

Ⅳ. 右掌經右大腿後側，
收回右大腿內側：（圖150）

圖150

（115）. 起身左高探馬：

吸氣—

Ⅰ. 下勢右腳尖轉向右前方（09），左後腿起勢、重心趨前移動，隨腰身半起、腰胯右轉與腰身向上，右掌背向右側橫出，左手護於左腰側：（圖151）

圖151

Ⅱ.腰身前移右前腿、微坐同時，收左腿、再向前踏進一步，左手移護右手肘上方、掌刀向前：（圖152）

圖152

呼氣─

Ⅲ.蹬起右後腿、結合腰勁貫脊臂，左手隨勢向前平削出，右手掌勢互動收至右肋旁：（圖153）

圖153

(116). 上步右七星錘：

吸氣─

Ⅰ.半坐右後腿，放下左前腳跟與翹起腳尖，隨腰胯向左半轉同時，腰際左掌握拳；然後隨腰身、前移左腿同時，左手下按、微收於腹前，拳心上右拳前移於左掌背：（圖154）

圖154

呼氣—

Ⅱ. 放下右前腳尖同時，左後腿蹬勁與腰際內外勁道結合，腰脊、右臂直覺貫串，右拳順勢向前方擊出，拳心與雙眼相對，左手隨護右手肘下：（圖155）

圖155

(117). 轉身左單鞭、下勢：

轉身左單鞭：

吸氣—

Ⅰ. 微坐左後腿，與右手五指抓合、曲肘，梅花爪內勾向右肩上方，左手掌心翻轉向上、移護右手肘：（圖156）

圖156

Ⅱ.腰胯、左腿繼續下
坐,右腿後退一步、腳尖
著地,同時右臂梅花爪向內
勾落,左掌上移護右腕側:
(圖157)

圖157

圖158

Ⅲ.右後腿腳跟向內側
微收與放下腳跟,腰胯向
右後方轉動,雙手隨上身互
動、後轉向3點鐘方向,同時
重心移右前腿、微坐,左後
腳尖虛放:(圖158)

呼氣─

Ⅳ.右腿起直,左腳尖收
至右腳內側,右腿勁根、腰
脊內勁整合,直覺貫手臂,
雙手原勢向右側前方擊出:
(圖159)

圖159

76

吸氣—

V. 右手梅花爪原勢、微坐右腿，腰身向左轉動同時，掌心向下左掌，沿右臂內側平移胸前（如圖160），然後左掌上提左側（09）上方、掌心左向，隨腰身下坐右後腿，左掌朝左側前方，向下切落（如圖161）：

圖160　　　　　　　　　圖161

呼氣—

VI. 左掌繼續切落至腰平，同時左虛腿前移半步，右後腿蹬直、勁根整合腰際肌群，內勁直覺自腰脊貫手臂，左手同步順勢向前按出：（圖162）

圖162

左下勢：

吸氣──

Ⅰ.重心坐向右腿，左腳
腳尖趨向左側伸出，腰胯向
右轉正（12），左手隨身轉
移向前方：（圖163）

圖163

圖164

Ⅱ.腰胯、右腿下蹲，
左腿左伸、腳掌著地，與
左掌向下切落於左大腿內
側：（圖164）

呼氣──

Ⅲ.前俯腰身趨向左側，
左手隨勢向左腿上方探出，
左掌掃向左腳尖上方：（圖
165）

圖165

Ⅳ. 掃出左掌，繼續掃向左後方，經左大腿後側，收回左大腿內側；與翹起左腳尖：（圖166）

圖166

(118). 起身右高探馬：

吸氣—

Ⅰ. 左腳尖隨上身、腰胯起勢向左轉動，重心趨前移動、右後腿轉虛，腰身向上起勢，左掌向左側順勢橫出，右手下落小腹前側：（圖167）

圖167

Ⅱ. 腰身落實左前腿、微坐，收右後腿、再向前進一步同時，右手上移護於左肘上方、掌刀向前：（圖168）

圖168

呼氣─

Ⅲ. 蹬起左後腿、結合腰勁貫脊臂，右手隨勢向前平削出，左臂掌勢互動收於左胸側：（圖169）

圖169

(119). 上步左七星錘：

吸氣─

Ⅰ. 腰胯向左後腿下坐同時，放下右腳跟、與翹起腳尖，隨腰胯向右半轉同時，右手下按、微收於腹前，左掌握拳、拳心上於腰際：（圖170）

圖170

呼氣─

Ⅱ. 放下右前腳尖，腰身前移、坐實右腿腳掌，收左後腿、並向前踏出一步同時，右後腿蹬勁與腰際內外勁道結合，腰脊、雙臂直覺貫串，左拳順勢沿右掌上方擊出，拳心與雙眼相對，右手隨護左肘下：（圖171）

圖171

(120). 退步右白鶴亮翅：

吸氣─

Ⅰ. 右腿半坐，左前腿收回、再後退一步，放開左拳、掌心向下收置右掌上方：（圖172）

圖172

Ⅱ. 重心後移左腿、微
坐，輕提右腳跟、腳尖虛
放，左腿、腰身起直同時，
右手向上迎護於頭頂、掌心
向上，左手下放、虎口貼左
腿側：（圖173）

圖173

呼氣——

Ⅲ. 上身原勢隨腰胯下坐
左腿，同時右掌上托，左掌
原勢下按：（圖174）

圖174

(121). 左、右轉身百練腿：

左轉身百練腿：

呼氣——

Ⅰ. 繼前呼氣，上身原
勢、半坐左後腿，右腳跟
前移半步、腳尖翹起：（圖
175）

圖175

吸氣—

Ⅱ. 以左腿為中心，雙手、右腳尖原勢隨腰胯向左後轉動，與放下右腳尖：（圖176）

圖176

圖177

Ⅲ. 重心移右後腿、坐實腳掌，輕提左前腳跟，隨腰胯繼續向左轉動，與下坐右腿同時，左前腳跟向前方（03）推移、腳掌橫向狀：（圖177）

呼氣—

Ⅳ. 放下左前腳跟，重心前移左腿、坐實身勢，右後腳虛放與丹田內縮：（圖178）

圖178

吸氣─

Ⅴ. 以左腿、腳掌前半
為軸，腰胯左向旋向後方同
時，右後腿順勢旋掃半周，
右腳尖內勾、落於左腳後
方：（圖179）

圖179

Ⅵ. 放下右腳掌、重心右移，微坐右腿與腰胯繼續
左轉；上身轉向9點方向，腰身、右腿起直，與輕提左腳
跟、腳尖收至右腳內側，同時雙手上下互動，右手下落於
右側、虎口貼於右腿，左手自右手內側上迎、護於前額上
方：（圖180）

圖180

呼氣—

VII. 上身原勢隨腰胯向右後腿下坐同時，左掌上托與右掌原勢下按：（圖181）

圖181

圖182

右轉身百練腿：

呼氣—

I. 繼前呼氣，上身原勢再微微下坐右腿，左腳跟前移半步、腳尖翹起：（圖182）

圖183

吸氣—

II. 以右腿為中心，雙手、左前腳尖原勢隨腰胯右向（12）轉動，與放下左腳掌：（圖183）

Ⅲ. 重心左移、坐實左腿腳掌，輕提左前腳跟，隨腰胯繼續再向左轉動，與下坐右腿同時，左前腳跟向前方（03）推移、腳掌橫向落實：（圖184）

圖184

圖185

呼氣──

Ⅳ. 身體原勢前移右前腿、坐實重心同時，後腿腳跟輕提、虛放：（圖185）

吸氣──

Ⅴ. 以右腳掌尖前半為軸，腰胯向右方旋動同時，左後腿順腰胯旋勁轉掃，左腳尖內向勾放右腳後方，放下左後腳掌：（圖186）

圖186

呼氣—

VI. 重心移左後腿、微坐，與腰胯繼續右轉9點正方；隨腰身、左腿起直，輕提右腳跟、腳尖收至左腳內側，同時左手下落於左腿側，與右手自左手內側上迎、護於前額上方：（圖187）

圖187

(122). 退步左、右跨虎：

退步左跨虎式：

吸氣—

I. 上身原勢微坐左腿，右腳尖後退於左腳跟後：（圖188）

圖188

Ⅱ. 放下右腳掌、重心右移，右手下移胸前、掌心向下，上提左大腿同時，左手掌心翻轉向上，上提經右前臂上方、向前轉左撥出：（圖189）

圖189

呼氣──

Ⅲ. 隨腰胯下坐右腿、收小腹，左腳微收、腳掌心朝右微提，同時左掌心翻轉向下、繼續撥至左側方：（圖190）

圖190

吸氣──

Ⅳ. 放下左腿、伸向左後側方，同時上身、雙臂趨前、平衡右腳掌中心：（圖191）

圖191

Ⅴ. 右腿勁根起與結合腰際內勁，左後腿向右側前方踢出、腳掌背橫向左上方掃出，雙掌同步由左前方橫向右上方掃出，雙掌與左腳掌背會合於正前方：（圖192）

圖192

退步右跨虎式：

吸氣—

Ⅰ. 左腿腳尖下落於右腳跟後著地，然後放下左後腳掌，重心後移、微坐左腿，左手前伸與肩平，右手下落右側平衡腰身、掌心向上：（圖193）

圖193

Ⅱ.上提右大腿同時，右
臂上提經左前臂上方、向前
轉右撥出：（圖194）

圖194

圖195

呼氣──

Ⅲ.隨腰胯、左腿下坐，
右腳微收、腳掌心朝左微
提，同時右掌心翻轉向下、
繼續撥向右側方：（圖195）

吸氣──

Ⅳ.放下右腿、伸向右後
側方，同時上身原勢趨前、
平衡左腳掌中心：（圖196）

圖196

Ⅴ. 左腿勁根起結合腰際內勁，右後腿向左前側旋踢出、腳掌背橫向右上方掃出，雙掌同步由右前方橫掃向左上方，雙掌與右腳背會合於正前方：（圖197）

圖197

再 退步左跨虎式：

吸氣—

Ⅰ. 右腿下落於左腳跟後方、腳尖著地，然後放下右腳掌，重心後移右腿，輕提左腳跟同時，右手前伸、掌心向下，左手下落左腰側、掌心向上：（圖198）

圖198

Ⅱ.隨腰胯、右腿下坐，左腿向後方左側伸出，上身趨前同時，左掌上提經右前臂上方插出，然後左掌心翻轉向下、經前方橫掃向左側：（圖199）

圖199

圖200

呼氣──

Ⅲ.右腿勁根起、結合腰際內勁，左後腿向右側前方旋踢出、腳掌背向左側上方橫掃，雙掌同步由左前方向右側上方橫掃，雙掌與左腳掌背會合於正前方：（圖200）

再 退步右跨虎式：

吸氣—

Ⅰ. 左腿腳尖下落於右腳跟後著地，然後放下左後腳掌，重心後移、微坐左腿，左手前伸與肩平，右手下落右側平衡腰身、掌心向上：（圖201）

圖201

Ⅱ. 隨腰胯、左腿下坐，右腿向後方右側伸出，上身趨前同時，右掌上提經左前臂上方插出，然後右掌心翻轉向下、向前撥出、掃向右側上方：（圖202）

圖202

吸氣—

Ⅲ. 左腿勁根起、結合腰際內勁，右後腿向左側前方踢出、腳掌背橫向右上方掃出，雙掌同步由右而左掃向左上方，與右腳背會合於正前方：（圖203）

圖203

(123). 左、右彎弓射虎：

左彎弓射虎式；

吸氣──

Ⅰ. 右腿下落右前方一步，重心前移右腿、微坐，輕提左後腳跟，雙手下放右膝上方、掌心相對，面向左側方平視：（圖204）

圖204

圖205

Ⅱ. 右腿站直，提起左腿、腳尖向下，同時雙手握拳上移胸前：（圖205）

呼氣──

Ⅲ. 右腿下坐，左腿向左前方（7½）踏出一步、腳尖著地，然後右腿蹬起，腰際內勁直覺貫脊臂，雙臂提肘、拉弓，左臂向左側平擊出：（圖206）

圖206

右彎弓射虎式：

吸氣—

Ⅰ. 身體前移左腿、坐實重心，輕提右後腳跟、腳尖趨前收，雙手下落身前兩側，面向前方平視：（圖207）

圖207

圖208

Ⅱ. 隨著左腿站直，提起右大腿、腳尖下垂，同時雙手握拳上移胸前，雙手肘上提：（圖208）

Ⅲ. 腰胯下坐左腿同時，右腿向右前方（10 ½）踏出一步、腳跟著地（如圖209）；然後左腿蹬起、勁根結合腰際內外肌群，與放下前腳尖、輕前腳跟；內勁直覺貫脊臂，雙臂提肘、拉弓，右臂向右側平擊出（如圖210）：

圖209

圖210

(124). 右左下勢、進步掤連錘、如封似閉：

右下勢進步掤連錘：

吸氣──

Ⅰ. 放開雙拳、微坐左腿、腰胯右向微轉，右手立掌向右前方（10 ½）下採：（圖211）

圖211

呼氣—

II. 放下右腳跟，腰身前移右腿、坐實重心，與左腳尖前移右腳跟側，右腳勁根與腰脊貫串，隨腰身趨前同時，耳側左手順勢向前按出：（圖212）

圖212

吸氣—

III. 放下左腳跟、重心移左腿，輕提右腳跟，隨腰胯向右轉動，右手向右後方揮出，臉部朝後方、雙目平視右掌心：（圖213）

圖213

IV. 微坐左腿，腰身向左轉正，與右腳向前（10½）踏出一步，右手握拳上舉頭頂右側，左手掌心翻轉上方，收至腹部前側：（圖214）

圖214

呼氣──

　Ⅴ. 腰胯、左腿下蹲，
右腿繼續前伸，左掌反轉向
下，與上身前俯下勢，右拳
順勢下於右膝前、拳心向
上，左掌心同時翻轉向上：
（圖215）

圖215

吸氣──

　Ⅵ. 右腳尖隨腰胯轉向右
前方，左後腿蹬直，腰胯前
上移動、起勢，重心前移右
腿、坐實，放開右拳向右前
方上掤與肩平；左掌握拳於
腰側、拳心向上：（圖216）

圖216

呼氣──

　Ⅶ. 左後腳尖收至右腳
跟後，同時右腿蹬起，腰勁
貫脊臂，左拳心旋轉向下、
前向擊出，右掌護於左肘上
方：（圖217）

圖217

右如封似閉：

吸氣—

Ⅰ. 放下左腳跟、重心左移微坐，輕提右腳跟同時，左拳放開沿右前臂下方，平移、微收左胸前，右前臂向右平移、微收右胸前；雙臂分移兩腋前、掌心向前同肩寬：（圖218）

圖218

圖219

呼氣—

Ⅴ. 上身不變、右腿前移半步，然後蹬起左後腿，勁根丹田內勁貫脊臂，雙手順勢向前（10½）按出：（圖219）

左下勢、進步掤連錘：

吸氣──

Ⅰ.腰身前移右腿、落實腳掌重心，左腳尖收於右腳跟後方（如圖220），腰胯向左（7 ½）半轉、微坐右腿同時，左腿前跨一步、腳跟著地，左掌順勢向左前方下採，與右掌上移右耳側、掌心向前（如221圖）：

圖220

→

圖221

呼氣──

Ⅱ.隨腰身前移左腿、落實重心，右腿腳尖收至左腳跟後，身勢前移、左掌繼續下採同時，左腿勁根、腰胯勁道直覺上貫，右掌順勢向前平推按出：（圖222）

圖222

Ⅲ. 重心移右腿，與腰胯
左轉、下坐右腿，輕提左腳
跟隨身轉動，左手向左後方
揮出，臉部朝後方、雙目平
視左掌心：（圖223）

圖223

圖224

Ⅳ. 右腿起直，腰身向右
轉正，與左腳向前（7 ½）
踏出一步，左手握拳上舉頭
頂左側、掌心向後；右手
下移腹側、掌心翻轉向下：
（圖224）

Ⅴ. 腰胯、右腿下蹲，
左腿繼續前伸，右掌反轉向
上，左拳背順勢下於右膝
前，右掌心同時翻轉向下：
（圖225）

圖225

吸氣—

Ⅵ. 左腳尖轉向左前方，右後腿蹬起、腰胯左上前移，重心落實左前腿、下坐，右後腿轉虛；同時放開左拳向左前方上挪與肩平，右掌握拳於腰側、拳心向上：（圖226）

圖226

圖227

呼氣—

Ⅶ. 左腿微起、勁跟上貫，右後腳尖收至左腳跟後，腰胯內勁貫脊臂，右拳心旋下、向前擊出，左掌移護右肘上方：（圖227）

左如封似閉：

吸氣—

Ⅰ. 重心右移、坐實右腿，輕提左腳跟、腳尖虛放同時，右拳放開、沿左前臂下方經左肘平移收於右胸前，左掌平移收左胸前；雙掌心向前分移兩腋前、同肩寬：（圖228）

圖228

圖229

呼氣—

Ⅳ. 上身原勢不變，左腿向前移半步，然後右後腿蹬直，丹田內勁直覺貫脊臂，身勢趨前、雙手順勢向前（7 ½）按出：（圖229）

(125). 十字手：

吸氣─

Ⅰ. 上身原勢，半坐右後腿重心，翹起左前腳尖（如圖230），然後隨腰胯向右後方（12）轉正，與放下左腳尖（如圖231）：

圖230

→

圖231

呼氣─

Ⅱ. 重心左移、微坐左腿，右手下放於右腿前側、掌心向左，同時左腿站直，右腳收靠左腳：（圖232）

圖232

Ⅲ. 右手上提，經左肘內側上移左肘上方，並沿左前臂外移左掌背，雙掌背交叉於眼前：（圖233）

圖233

圖234

Ⅳ. 上身、左手原勢不動，右掌心翻轉向下，隨右腿朝右橫跨一步，同肩寬、落實腳掌，右手右向平移，向下雙掌心、分開同肩寬：（圖234）

呼氣—

Ⅴ. 上身中正不動「含胸拔背」，雙掌向內平移、微收「沉肩垂肘」，隨腰胯向下、半坐雙腿「鬆腰鬆胯」：（圖235）

圖235

(126). 抱虎歸山 (三次)：

吸氣──

Ⅰ. 腰胯、雙腿起直同時，雙手上舉、掌心向前，上身不動、重心落在雙腳掌間，雙臂筋骨、手掌上伸：（圖236）

圖236

圖237

Ⅱ. 上伸雙臂掌心內轉、相對，雙手向左右兩側擴放，近肩高、雙掌心向上：（圖237）

呼氣─

Ⅲ. 然後，雙臂拉擴向後方，再將掌心翻轉向卜，隨腰胯垂直、雙腿向下蹲動（如圖238）；雙腿繼續下蹲、雙掌左右兩側下抱（如圖239）：

圖238　　　　　　　　　圖239

Ⅳ. 下抱雙掌經雙膝外側相對，前移向前、掌心翻轉向上（如圖240），然後雙掌抱合、左掌托右掌，與雙掌前推、收小腹、上提會陰穴；掌心與兩眼相對（如圖241）：

圖240　　　　　　　　　圖241

吸氣──

Ⅴ. 腰身起勢時，交叉雙掌先上提至眼前（如圖242），然後腰身、雙腿起立，交叉雙掌原勢上移（如圖243）：

圖242

→

圖243

Ⅵ. 交叉雙手掌心翻轉向下方，右掌按在左掌背，前伸雙手原勢，與雙手左右分開、同肩寬：（圖244）

圖244

呼氣──

Ⅶ. 雙腿向下半坐、鬆腰
鬆胯，與雙臂微收、沉肩垂
肘，含胸拔背：（圖245）

圖245

Ⅷ. 再重複 Ⅰ.── Ⅶ.抱虎歸山動作二次：

(127). 合太極、收勢：

吸氣──

Ⅰ. 身體原勢不變，吸一
口氣，雙手肘收合、雙掌移
收肩前：（圖246）

圖246

呼氣──

Ⅱ. 雙掌下按、手臂下垂於兩腿外側，雙掌指鬆放、指尖下垂──合太極：（圖247）

圖247

圖248

吸氣──

Ⅲ. 腰身、雙腿起直，重心移於右腿，輕提左腳跟：（圖248）

Ⅳ. 腰胯右腿起直、收左腿，雙腳尖併攏、腳跟微開，雙手掌心貼向兩腿外側、站立狀──收勢：（圖249）

圖249

………三段 後半段（96－127）拳法解說完了……

3. 身心自覺拳架運動

太極拳運動，從拳架一招一式學習開始，即身體、四肢力勁虛放，身肢使控意識放鬆的動，由身體內在自主功能自覺，內臟器官肌群養成運動，經幾個內修要領過程，內臟自主肌群運動、產生勁道，再由內臟肌群自覺，主導身肢外在，使控骨骼肌群運動，此時段，即拳術上的內外雙修；達到全身內外肌群勁道精純合一，內外勁道使控自如使出的武術境界。

此時的身體健康狀態，已在全身組織血氣活絡，細胞代謝活潑境界，所以，太極拳運動，也是身心、生性健康的運動，過程關係人體內臟、自主功能意識活動，氣沉丹田與腹式呼吸幫浦等，帶動心肺運動、大小循環活潑，深及細胞生性、人的生命本能。

在「入門」的意識自覺門徑（25.）乙節，曾提到：「外在使控的身肢意識放鬆，歸在內在功能意識體的意識自覺，經內臟自主功能意識漸進澄淨，內在功能顯知的歸向組織意識自覺，向細胞代謝深層進展；」

並說：「開始意識自覺狀態的時候，已在王老師說的『周身無處不鬆淨』，向全身鬆淨如拳經的『沉重不浮，靜如山岳；周流不息，動若山河』之境界發展。」

本節安排了拳架運動、內修的三個時段：

第一階段，以身心一體修持為名，是身心、意識自覺

拳架運動養成。

第二階段，延續自主內在，主導身肢內外雙修，全身肌群勁道合一修程，以內在自覺運動名之。

第三階段歸脊髓神經自覺的「開合修程」，向內外勁道應用自如內修；由「身心自覺」的漸進深入，規劃了拳架運動修程。

3-1　身心一體修持

第三段拳架剛剛學完，所以安排了本小節；一般人學習太極拳，一招一式學習期間，或招式尚不熟，留意於拳架招式的身、肢變化，在使控意識的身體、四肢間運動；但是，拳架內修，在身體內臟自主功能意識活動領域，不是我們能使控的意識活動內在，兩個不同層面。

從「身心、意識一體」的概念，人的生理、心理活動一體，外在身、肢淺層意識活動，與內在自主功能意識活動，不是很清楚的介分，所以，從拳架一招一式學習開始，把外在的身體、四肢，使控意識鬆放自覺，身心直覺的歸在意識體靜澄自覺的運動養成，各種功能意識流靜澄狀態的進展，即是身心一體的自覺運動、內修。

拳架運動時，腦內思慮的心智活動，顏面感官、喜怒感情，知情欲感受意識現象，都要放開，在各感官、部位自覺維持，將人體對外意識活動，自我使控的神情意志靜空，把心放下來，身心自覺的學拳、做運動，甚或拳架運動中，大腦產生的意識現象，都不管的維持腦組織自覺，

這身心自覺的拳架運動狀態，也是王老師要求的「鬆淨」運動境界。

　　拳架運動開始，外在感知、腦意向外，都回歸感知部位、腦體自覺；身心自覺放鬆的程度，如前舉平伸之手，手臂下掉、不讓它掉下來的程度；身肢外在使控意識自覺，如手腳自覺鬆放備動，配合內臟、自主功能自覺，主導全身陰陽互換拳架運動。

　　身體、四肢自覺的動，如「右下勢進步搬連錘」的右手自覺上搬，是手臂覺性貫注，鬆的程度在不讓手臂掉下，全身都在自覺貫串的運動；覺到、血氣到，是力勁根源。（圖250）

圖250

圖251

　　又如：「右如封似閉」的雙按掌，勁根丹田內勁自覺貫脊臂，雙手順勢向前按出時，雙臂自覺按出、覺知所至，即組織血氣活絡所在：（圖251）

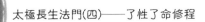

身體部位意識緊張之處，是組織血流不活潑所在，參與運動的組織肌群，緊縮運動、耗氧，不參與運動的組織肌群，要根本性的自覺養鬆，在全身虛實互換運動，組織鬆、緊變換，組織自然趨向鬆放、血氣活絡發展；身心自覺貫注，拳招變換越慢越好，大虛大實，可以耐久不疲，進入身心自覺運動狀態，能使初習者從學習拳架之初，解開身心緊張常態，向筋骨、經絡僵化意識化解進展。

身心自覺拳架修持，在身心全面性、根本性自覺養成運動習慣，內在功能活動、意識流相互干擾的澄淨，意識僵硬習慣的化解，即拳經的「消除僵硬勁」修程，在各種蘊積意識阻礙的漸進消除，趨向拳經的「越柔軟越好」進展。

身心自覺拳架修程，向自覺貫串、覺性活潑進展，這段時間愈長愈好，通常是1－2年的時間；身心自覺修程，內在意識的靜澄，運動及於組織、微循環全面活絡，覺性漸進清純發展；內在意識靜澄狀態，身肢的招式變化活動靈敏，此時的拳架運動狀態，已在拳經五字訣的「心靜、身靈」境界；向下一節，內外肌群勁整合一修程前進。

3－2　內在自覺運動

人體內在的循環、消化、抗病免疫，或內分泌等內臟生理機能，在生物學上，是人體對內求生功能，也是生命本然功用；週邊自主神經系，內在自律活動大領域，代表的內臟器官、生命自主功用，是腦幹經脊髓整合的生命

功能，道家以「天心」界分的內在意識領域，不能隨意使控、不能感知，或部分微微覺知的內在意識深層，此際，在長時間的身心自覺拳架運動、修持，內在層面意識靜澄，內臟組織平滑肌群力勁養成，是拳經的「後天之力化盡，先天之內勁自然增長」狀態，在拳架內外雙修運動，內外肌群整合內修。

身體、四肢使控的骨骼肌群，與自主功能的內臟平滑肌群，內外肌群整合為一的要訣，在神氣斂入脊髓中脈，貫通全身筋骨的一體運動；在拳架運動上，腰是平行轉動軸心，脊髓是上下彎曲的根基，神氣內斂脊髓貫通大小筋骨、脈絡；隨著單田吐納，腰脊主宰、內外相合，貫串全身的運動。

此時氣海的肺臟與血海的關元，已習慣一體於單田吐納，主要在水谷之海的鬆放與緊縮的加深，吸氣時，會陰穴肌群鬆開、下行出湧泉，好像湧泉、會陰為一體的鬆放；呼氣時，湧泉上行、會陰穴肌群緊縮，好像會陰、湧泉一體的緊縮；隨著單田吐納，神氣斂入脊髓，貫通大小筋骨、脈絡，以「吸為蓄 呼為發」，內斂脊骨神氣，貫串全身筋脈，與相對活動的神氣，在脊髓上下拉伸，及於全身大小筋脈的拉伸運動。

吸氣時，神氣進百會、上丹田入泥丸，下咽喉與呼吸氣會合外，斂入脊髓貫通全身大小筋骨、脈絡為「蓄」，經單田、腰胯，下行出湧泉，腳掌穩固；另一股相對神氣，從腳掌湧泉，沿脊髓上升泥丸、出百會，與內斂脊骨、全身筋絡相對拉伸；水谷之海更鬆放的經海底穴及於

湧泉,吸進更多空氣。

呼氣時,湧泉上行神氣,於腰際關元、水谷之海會合,神氣沿脊髓上貫雙手筋骨、脈絡,與上升泥丸、出百會為「發」;另一股相對神氣,泥丸沿脊髓下降出湧泉,腳掌更穩固,兩氣上下拉伸及於全身筋絡,雙足力根、腰際上升,發出的內勁更充沛;水谷之海、會陰穴肌群緊縮及於湧泉,呼出更多空氣。

氣斂中脈貫通全身筋骨,內外肌群勁整合一修持,依每日內修菜單的熱身運動式養成,相對神氣活絡,內外勁道自能精純,再進入拳架招式內修,需要習者同步悟解、修持體會,也需要較長養成時間;在拳架內修,貴在自覺貫注招式變換,在十六關要:「活潑於腰,神貫於頂,流行於氣,運之於掌,通之於指……達之於神;」即我說的,全神自覺貫注的招式運動狀態,我們身體運動,覺在那裏、血氣就在那裏,四肢招式的自覺貫注,即勁根隱在,內外肌群勁道自能合一使出。

拳招活動力勁,起於腳掌,主宰於腰、脊,形之於掌指,是大家所熟悉的勁整路徑,重要在拳架運動中的實際修持,招招式式都能全神自覺貫注,是下小節開合修程的根基。

3-3 開合修程

前節,從氣斂脊髓,貫串全身筋脈,內外肌群勁整,勁道精純自如使出等許多修程,都在身心自覺貫注的招式

運動修持中，拳架的全神自覺內修，招招式式自覺修持，自能內外整合的「達之於神」；覺的清純、覺性貫串，即人的敏覺活潑、神氣活現。

拳架招式的開合修持，是全身完整一體的勁道養成，腦、脊髓神經整合全身筋絡，全神自覺的拳架運動，招招式式自覺貫注的覺到、血氣到，即勁根含蓄所在；吸氣時，氣向下沉 兩肩斂入脊骨，全身筋絡收入脊髓，歸入腰胯、腳掌，氣由上而下，謂之合；呼氣時，勁根在腳，發於腿，主宰於腰，經脊髓、兩肩，形之於掌指，氣由下而上，謂之開；下列「右攬雀尾」、「右如封似閉」，做為開合解說：

右攬雀尾：
吸氣──合：（圖252～255）

圖252　　　　圖253　　　　圖254　　　　圖255

氣斂入脊髓，下注腰胯、後腳掌，後腿實腿微坐，與湧泉上升另一股氣，經腰脊、出百會拉伸；下合神氣貫左後實腿，全身更穩固。

關元、水谷之海，更鬆放的及於湧泉，像無窮盡的吸進更多空氣。

呼氣──開：（圖256）

圖256

左後腿實腿，腳掌勁根，發於腿、主宰於腰，沿脊髓上大椎分三路，兩路貫雙臂、兩掌相疊按出，同時一路上玉枕、泥丸出百會上開，同時另一股氣，沿脊髓下湧泉，上下拉伸及於全身筋絡，後腳實腿更穩固，腿勁、腰際內勁更充沛。

另一方的水谷之海、關元收縮，水谷肌群緊縮及於湧泉，呼出更多空氣。

如封似閉：
吸氣──合：（圖257～258）
全神自覺貫注，即全身內外組織覺性貫串；招招式式

自覺貫串，覺的貫注所在，是血氣到的勁根隱在；也即拳招變換、式式隱含內勁，習者體悟之。下合的要領如前。

圖257　　　　　　　圖258

呼氣——開：（圖259）

周身自覺貫注拳招運動，上開神氣與下注右實腿內氣相對，右腳掌實腿勁道，更穩固的上傳左手單掌按出；習者自己體會、悟解之。上開要領如前。

圖259

吸氣──合：（圖260～261）

圖260

圖261

內斂脊骨筋絡，下合腰際、後腳掌，與微坐雙膝的「吸為蓄」，內在相對上升泥丸之氣相撐，及水谷海底更鬆的吸進更多空氣；全身自覺貫串、內勁儲備充沛，習者體悟、自解之；下合要領。

呼氣──開：（圖262）

圖262

　　已到開合修程位階，前腳虛腿，腳跟可以練習放下，養成外無虛實狀態；拳架內修是身心內外筋骨的勁道，全神自覺貫注的拳架運動，是招招式式自覺含蓄的動，也是開合修程最重要的注解，希望習者體悟、理解；「呼為發」、上開，全身筋絡內在勁道貫串，雙掌向前按出，習者再領會、體悟之。

　　依每日教練場，安排的拳架課程，進入開合修程運動，同樣拳架、不同內在修程，腦、脊髓整合全身筋絡，自覺貫串的開合運動，如雙手虛實分明活動，虛手同樣的覺性貫串，所以「虛非全然無力」；全身筋絡的虛實分明修持，從勁根腳掌上開，與吸氣向下的下合，組織鬆放、血氣活絡，與組織運動緊縮、耗氧，陰陽互換，這身心根本性自覺的在組織層面放鬆、運動，全身覺性串聯、覺性活潑，也是拳經「表裡精粗無不到」的功成所指，拳經又說：「到此地位，工用一日，技精一日，漸至從心所欲，罔不如意矣。」

　　1992. 05. 25. 在包頭市 陳家樂師兄家，與陳師兄合照。（陳師兄 1979年代表內蒙古，於南寧市全國形意拳術「銀牌」得主）

4. 腦中樞自覺內修

　　內在自律功能自覺運動養成，進入命功運動要領內修等，學習第三段拳法之後，招式變化純熟也需要一段時間，待三段拳架修練純熟之後，養成不在意於架勢、招式變化的專注力，開始養成腦中樞自覺，主導拳架運動；將基礎拳勢、第一、二、三段拳法輪流安排，做為每日的拳術內修運動，讓整套祕傳拳法、拳架招式運動自如，漸進的，向身心本然的自覺運動、修為。

4-1　相對活動隱在

　　人體的血液循環系統，大小動靜脈血管網路遍布全身，心血管循環的大小血管，存在動、靜脈血液相對流動之外；在全身官能組織中，幾個細胞間就有微血管，生理學上說，每條微血管長度只有1毫米，內徑只有5微米、允許一個紅血球擠過去！

　　成人的微血管總長度約40,000公里；微血管與小動脈、小靜脈，構成的微循環網絡密布全身組織，在組織血氣的相對流動外，血液攜帶的各種新陳代謝物質分子，進出體液、內在環境的擴散作用，與血流中的各種激素相對機轉，錯綜複雜的活動，都在自主的交感神經、副交感神經，分支端末梢神經傳遞物質的興奮、禦制；也構成了身

體組織中的相對循環活動，也是主導的神經末梢，神氣隱在活動在全身組織生性中，無所不在的互動。

在功能上，大家也知道，自律神經的交感、副交感，大小神經網絡遍佈全身，主導了內在自律功能活動的相對機轉，如主導心血管循環、組織微循環活絡全身，或內分泌各種激素，經血液循環以比較慢的作用全身；如將消化功能吸收的營養分，肺臟呼吸作用的氧氣，循環全身組織供給細胞代謝，都在攜氧血液的動脈系統，與運送二氧化碳為主的靜脈系統，在體內相對流動等，也是神經意識活動中，隱在的神氣相對機轉活動；全都由神經中樞直接快速的統合、制約。

這生理上的相對機轉活動，在我們人體運動中發生相對作用，在性功運動（2.）全身意在神，曾經提過，我們的身體向下彎腰的時候，體內會有一股向上的反作用力存在，或在舉手投足間的活動，都有反方向的作用力存在，與身心、意識活動同步，這是人體中身心功能自然平衡機制的關係；如向前彎腰、呼氣的時候，另一股相反拉力，讓你不容易徹底做到前彎或深呼，起直也一樣有相對活動隱在；這內在神氣上下相對活動隱在，將隨著意識自覺、意識逐漸澄清之後，覺性活潑、神氣上下活動感知、展現；此時的吸氣與神氣向下，帶動另一股神氣向上活動，或呼氣與神氣向上，帶動另一股神氣向下活動；這與呼吸氣相對活動的「神氣」活絡與感知，是此際內在修程指標。

這自律領域的丹田吐納或內在功能運動，須以前述的

意識自覺要領慢慢養成克服，從身心、意識自覺，內臟各功能意識自覺，或大小器官意識自覺，歸向整合神經意識自覺，或腦意識自覺等等，體內層層意識的靜澄，是生性純覺活潑的結果；這許多身心、意識內修道理解說不易，是習者知解內在健康根源，也是武術內修勁根所在，人體退化在常時生活間，有恆心內修是健康的依據。

在以下相關章節各種動靜態內修時段，會依隨內修進展需要再做說明。

4-2 脈絡順暢真解

多細胞的人體組織，細胞在體液中的新陳代謝，是人的生命所在、健康生機的依歸。太極內修的丹田吐納養成，緩慢深長的腹式呼吸開始，已將《黃帝內經》腹部的血海，與胸部的氣海，連合在一起同步運動；只提了任督路徑、幾處穴竅的周天循環，啟動腹式呼吸泵，將腹腔的靜脈血液加速回流，帶引心肺運動，心血管提升的大流量血液，全數微循環承接、活絡全身組織；這全身各官能組織血液循環效益，已涵蓋了傳統中醫書籍的脈道、穴竅。以意識自覺的丹田吐納活動，深入內在自律功能的鬆、縮兩極運動，在身心自覺，意識鬆放歸覺活潑，內在陰陽互換、加重內臟動能，與組織耗氧機轉；此時全身組織血氣活潑狀況，已在十二經脈、奇經八脈順暢狀態，也是全身內外大小穴竅通順發展。

常時人體的經脈、大小管道，穴位竅門不是不通，也

不是全通或通了也可能再阻塞，阻塞了也可能再流通；古文化的大小經脈絡道，除了生理學的大小動靜脈血管外，有淋巴管循環、微血管循環，各種千變萬化的激素活動，全身細胞通透、胎息，整合於神經末梢傳遞物質的交互作用，也關係了統合全身功能的主體，腦內深層、隱在功用，是自主神經系領域的生命自律活動，不是我們感知作為或使控所能及的範圍。

所以，跳開古文化的打開經絡、血脈之說，依現代生理學的大小動靜脈、微循環，或神經路徑等常識，解說血氣活絡或神氣活潑比較符合實際需要。

身體組織中幾個細胞間就有微血管，微循環與體液之間的物質擴散移動，提供細胞新陳代謝作用；進入組織微循環的小動脈、終末小動脈的括約肌，與交感神經末梢交叉口，或組織中淋巴循環、神經激素，等等的大小交會點，形成各功能組織血氣活絡點的穴竅，在體內器官組織中的是內竅，顯於肌膚的是穴位，全身到處都是內竅、外穴或經脈、血絡道口。

如身體某局部組織體液的代謝分子移除效益不佳，小靜脈不通順或受意識阻擾，形成其局部組織酸痛、痛風都是很普遍的現象，尤其是年紀大的人，這裡酸、那裡痛就是古稱穴竅不通，大多源自內在意識習慣形成局部組織血氣的不活絡；這種部位痛風只要運動能及於組織血氣活絡，很快就能根本性的消除。

若以中醫療法在其意識阻擾點──穴、竅針灸，或以拔罐的聲東擊西方法，都是使患部一時的舒服、順暢，如

以皮膚、表層的痛，掩蓋血氣阻塞的酸痛，其形成痛風的意識蘊積根源還存在，意識不虛化，阻擾點再現酸痛是常態。

這意識自覺、丹田吐納導引活動，全身意識歸於覺性本然，舒開意識習慣、化解意識，組織血氣活絡的提升與維持，是身心全面健康的方法。

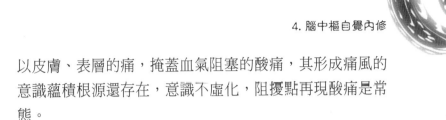

4－3　脊髓路徑

氣沉丹田腹式呼吸，啟動了內臟全面運動，同步帶動隱在神氣活絡、血氣活潑感知修程，在緩慢深長腹式呼吸，任督二脈神氣進出百會、湧泉循環的同時，已能感知體內另一股反向神氣，進湧泉出百會上下相對存在；在性功運動的「全身意在神」乙節，已將進階解說了，此時氣海、血海與水谷之海貫通、熱絡之後，任督二脈周天循環，已能本然的與丹田吐納、腹式呼吸配合得很好，向神氣上下脊髓與擴遍全身養成。

覺是細胞的活性，「覺」在全身器官組織中無所不在，全身覺性統合於大腦中樞組織；也即周身內外各器官，功能組織意識自覺活動，歸合於神經系統，經脊髓通路的中間神經元，整合於腦幹，統合於大腦中樞。

在「以心行氣、以氣運身、全身意在神」，各個「氣」的修程，是週邊自主功能、意識層面的內修運動；此時，大腦中樞後層是本然的覺悉狀態，只是我們在意於週邊「氣」的內修活動。

　　現在進階，腦、脊髓中樞自覺，主導全身內外功能運動修程，即先賢的「不在氣，在氣則滯」的內修解說，此時，如週邊的丹田吐納，或水谷之海緊縮、鬆放狀態，大腦中樞組織本然的覺悉，也即隨著腦、脊髓中樞自覺內修，週邊各領域的內修深入依然；只是由腦中樞統合全身內外功能修持。

　　腦、脊髓的髓海，由中間神經元、脊髓通路上下行，是週邊運動神經、自主神經各分支活動的隱在後層；在脊髓兩側神經束，擴遍全身神經纖維，從腦中樞覺性，統合全身週邊功能活動。

　　依現代西醫生理解剖的脊髓通路分佈，在頸髓有8對頸神經，控制頸部、肩部、手臂、手部肌肉與腺體功能；胸部有12對胸神經，連結胸腔活動及腹壁功能作用，也是《黃帝內經》的氣海、血海功能活動；及腰部的5對腰神經，連結臀部、腿部活動功能，與薦部有5對薦神經，主導生殖器官與下消化道的水谷之海功用；腰薦部是腰際內修的勁根所在。

　　水谷之海是海底穴、尾閭、氣堂，重要在會陰穴附近肌群，即水、谷肌群運動，道家有「築丹、練腎養精法」，以血海、關元穴為生門，命門穴為死門，會陰的海底穴是生化之門；腹部小循環進階深及海底穴，神氣擴遍水谷之海，是丹田內勁的根源，神氣導引進入水谷之海養成，海底穴是拳經的「氣無有窮盡」所在，也是太極拳經中的「牽動往來氣貼背」勁道根源，源自腿部力根上貫腰部的勁道樞紐；神氣如經水谷之海的對拉活動，也是腎

臟、泌尿系統的健康運動。

4－4　及於水谷之海

　　脊髓是支撐全身骨骼、大小經脈通路主幹，腦組織自覺，經脊髓、中間神經元，神經纖維網絡擴遍全身，主導人體的身心、內外功能活動。

　　運動中，腦中樞自覺本然，覺知全身週邊內外功能運動，如腹式呼吸，關元、水谷之海的鬆、縮活動，都在腦中樞覺知、使控之間。

　　以腦中樞自覺「向前彎腰、半坐勢」例述，介紹神氣活動內修，提升水谷之海運動力，加上彎腰、半坐的肌肉泵浦效益，向《黃帝內經》的四海貫通，及於全身官能組織的血氣活絡；水谷之海的範圍，是泌尿系統加上排便的谷道肌群，拳經腎室的氣堂與海底穴肌群；把尿尿的外腎（陽關、水道），與便便的谷道合稱水谷之海。

　　每日熱身招式或拳架運動，都漸漸的以腦中樞自覺內修，下面例述讓習者自我反三修習：

　　4－4－1. 自然站立兩腳尖併攏，上身中正直立、兩眼平視（圖263）；雙腿稍微下坐，先呼一口氣（圖264）。

圖263　　　　　　　　圖264

呼氣─

【前段】海底穴上提、關元緊縮,漸漸的呼氣,覺知上升神氣出百會,脊髓下降神氣出湧泉。

【後段】出百會神氣,與水谷之海、關元再緊縮,海底穴肌群緊縮並向下延伸,及於腰腿、湧泉形成緊縮動線;與全身經脊髓,另一股出湧泉神氣對應,雙腳掌更穩定的,呼出更多空氣。

4－4－2. 吸氣同時,重心移右、左腿左向橫跨一步,兩腿間與肩同寬;重心移回兩腿間,雙腿宜直、上身中正放鬆,兩眼向前平視(圖265):

圖265

吸氣——

【前段】緩慢深長納氣，神氣經脊髓向下，海底穴肌群、小腹內外肌群鬆放同時，與覺知進湧泉、上出百會的神氣存在。

【後段】吸氣、神氣進入水谷之海、關元鬆放的動線，下鬆及腰腿、湧泉，出湧泉；與從湧泉進來的另一股，經脊髓、上升出百會的神氣對應，全身鬆放、筋骨經絡上下對拉，將下鬆動線再鬆放，可以納入更多空氣。

4－4－3. 上身中正鬆放不變，隨腰、屈膝慢慢向下半坐，雙手掌心向後，呼氣——（圖266）：

圖266

呼氣——

【前段】海底穴肌群、小腹內外肌群收縮，緩慢深長的吐氣，覺知神氣出百會，與脊骨向下，出腳掌神氣對應；

【後段】出百會神氣，與水谷之海、關元再緊縮，向下延伸海底穴肌群、及於腰腿、湧泉形成收縮動線；出湧泉神氣對應，雙腳掌更穩定，呼出更多空氣。

4－4－4．兩腿半坐，慢慢伸直、站立，吸氣──
（圖267）。

圖267

吸氣──

【前段】海底穴肌群、小腹內外肌群鬆放同時，緩慢
深長納氣，與覺知出百會、下湧泉的兩氣相對。

【後段】納氣、神氣向下，經水谷之海、關元鬆放動
線，下鬆及腰腿、湧泉，出湧泉，多出空間、吸入更多空
氣；與湧泉進來，上出百會神氣對應，在脊髓鬆放下，帶
動全身筋絡上下對拉，有頂天立地的感覺；納入更多空
氣。

4－4－5．上身向前慢慢彎腰，呼氣──，頭向下鬆
放，兩眼自雙腿間後視，雙手下垂指尖著地，兩腿宜鬆
直、膝蓋骨在鬆動狀態。（圖268）

圖268

呼氣—

【前段】下彎，海底穴肌群、小腹內外肌群收縮，緩慢深長吐氣，覺知雙腳更穩，與上出百會的神氣相對。

【後段】脊髓出百會神氣，與水谷之海收縮，海底穴肌群緊縮向下延伸，及於腰腿、湧泉形成緊縮動線；與全身鬆放、出湧泉的神氣動線對應，全身拉筋、雙腳掌更穩，也呼出更多空氣。（圖265～268）

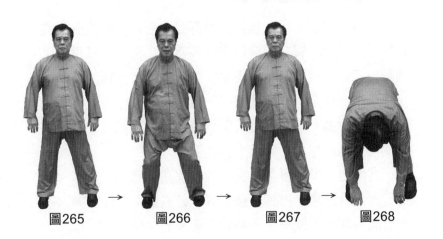

圖265　　　圖266　　　圖267　　　圖268

從週邊意識自覺內修，腹式呼吸的以心行氣，進入生性層面，向腦、脊髓自覺，須層層漸進，否則效益不佳；腦、脊髓自覺主導身心、內外功能運動，各種體姿緩慢起伏改變，每一起伏都是內修的機會，以水谷之海的緊縮、鬆放動線，與脊髓隱在相對神氣，帶動筋骨、大小神經脈絡拉伸，細緻在鬆、縮的修持。

常時身體靜態也可以隨時隨地練習，組織放鬆面的增加，血氣活絡自然擴大；這常時血氣活絡的生理機轉，對稍有年歲的人，抗衰退的最佳法門，其生機效益無可取代。

腦中樞、脊髓自覺，主導全身組織覺性貫串，如在拳架一招一式的運動，這全神自覺貫注的覺到、血氣到的運動狀態，是下小節四海通暢的新進程。

4-5 四海通暢

《黃帝內經》，以腹腔大量靜脈血液留滯的血海，胸腔呼吸的氣海，腎室與會陰穴合稱水谷之海，即氣堂、尾閭關與海底穴肌群範圍，與腦、脊髓的髓海合稱四海；在秘傳拳術內修過程，腹式呼吸、氣沉丹田，已將血海與氣海連結於「關元」；氣沉丹田進階的神氣下海底，與經尾閭關後上氣堂修程，貫通水谷之海。

實際上，拳架學習之後，各修程在髓海隱在主導，其他三海漸進開通，再經氣斂入骨、神氣上下拉伸，與水谷之海的海底，下擴湧泉，神氣漸漸擴遍全身。

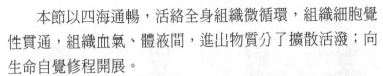

　　本節以四海通暢，活絡全身組織微循環，組織細胞覺性貫通，組織血氣、體液間，進出物質分了擴散活潑；向生命自覺修程開展。

　　我們身體組織中的體液，是細胞存活的內在環境，細胞新陳代謝所在，物質分子以擴散作用進出，經微循環、心血管循環出入；全身組織微循環，細胞活動的體液、內在環境，存在恆定機能，覺是細胞活性，內在環境的生性活動、生命本能，感知是老子的「無」，或有微微覺知。

　　組織存在微微的意識習慣，是我們要消除的內修所在，覺性中的蘊陳意識，血氣不活絡、覺性不活潑，此時，運動中，腦、脊髓貫串全身大小筋骨、脈絡，及於大小功能的組織自覺，與吸氣的四海鬆放擴大，或呼氣的四海緊縮，都在心性自覺、緩慢加深，於體液恆定機轉下，組織自覺、鬆緊互動養成，覺性漸漸清純、敏覺活潑，組織血氣活絡、細胞代謝活潑。

　　同節舉述的內臟運動練習式，以「向前彎腰、半坐勢」例述解說，此時緩慢深長的呼吸，空氣進出支氣管已接近大氣整體流的擴散作用狀態，所以有如拳經的「……無有窮盡……」的境界；深度內修詮述，須已達程度習者，實際運動自覺、領悟之。

呼氣─下坐勢：（圖269～272）

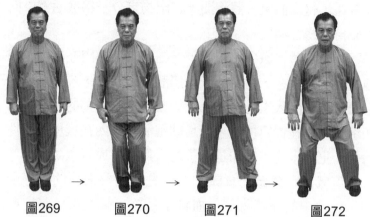

圖269 　　　圖270 　　　圖271 　　　圖272

　　緩慢深長呼出空氣，向下半坐、坐實之後：

　　向下出湧泉之氣，使雙腳掌更穩固。沿雙腿上升之氣，經脊髓上貫百會，帶動全身組織自覺緊縮，關元、水谷之海再次緊縮的呼出空氣；足掌貼地與上出百會、全身內外組織，再次縮！縮！縮！呼出更多空氣。

吸氣──起直：（圖273）

　　慢慢起身、深長吸氣，站直、兩眼向前平視，讓關元、水谷之海本然的吸滿了氣之後──

圖273

呼氣、神氣繼續向下、出湧泉，雙腳掌更穩固的緊貼地板；雙腿向上經腰脊、貫百會，上升內氣都自覺挺直，帶動全身筋絡鬆放，關元、水谷之海及湧泉，更鬆放的吸進更多空氣。

呼氣──向前彎腰：（圖274）

向前彎、呼氣，彎到底、兩眼向後方平視，之後──

圖274

雙腳掌與上貫百會，相對神氣的拉伸；腳掌更緊密貼地。脊髓帶動全身組織自覺緊縮，關元、水谷之海再緊縮、再下彎，身體下彎的機械作用，內在更緊縮的呼出更多空氣。（圖275～276）

圖275

圖276

　　起身、深長吸氣，站直、兩眼向前平視，之後：

　　內氣繼續向下、出湧泉，雙足掌更緊密的貼地板；另一股向上內氣存在，經雙腿挺直、上腰脊、貫百會，腰脊、全身筋絡自覺鬆放，水谷之海、關元更鬆放的及於湧泉，納進更多空氣。

　　前述加深四海吐納運動，從腳掌貼地，中脈、百會路徑的上下相對拉伸，帶動四海呼氣鬆放，與吸氣的緊縮，都須在心性自覺狀態運動，任何使控力勁加入不宜；外在使控意識，會干擾到組織本然活動。

　　比照「向前彎腰」加深吐納，依每日內修菜單項目安排修持；氣斂中脈貫通筋骨、經絡，全身組織自覺的拉伸，呼氣加深緊縮、耗氧，吸氣深及湧泉的筋絡組織鬆放，運動部位陰陽互易、鬆緊交互，組織意識澄淨、向鬆柔漸進發展；全身組織微循環活絡、四海趨向流暢進展。

　　腦、脊髓筋絡自覺，協調全身組織同步運動，意識張力習慣鬆開，筋絡自覺、養柔互動，組織體液物質分子擴散活潑，細胞覺性清純本然的貫通全身；覺的靈敏即神氣活現，也是「無氣者純剛」境界。

　　拳架內修運動，體內覺到、血氣到，是內勁的根源，也是內勁彙集成鋼的根基；如腰際丹田內勁、自覺貫通全身，腰為拳架活動樞紐中心，向拳經的「氣若車輪，腰如車軸」的運動比喻發展。

　　從腦中樞、脊髓貫串全身筋絡，及於組織自覺，大小功能的組織，細胞覺性清純、血氣活絡，穩定的維持體液擴散功能，組織內在環境穩定、熱絡，擴向皮膚通透氣

發展；向內外自覺一體運動養成，與生性自覺發展，接近道、禪內修境界；進入卜節肌膚若一、神氣擴遍至身修持。

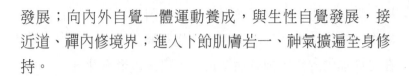

4-6　肌膚若一

內斂骨髓、筋絡，四海活絡自如，向全身各官能組織自覺發展，各器官組織尚有意識僵化存在，要把內在微微用意、使氣都放開，歸於腦、神經網絡自覺主導運動，自然趨向生性活絡、神氣長生發展；在《黃帝內經》上有一段話：

黃帝曰：「余聞上古之人，春秋皆度百歲，而動作不衰……」；又說：「余聞上古有真人者，提挈天地，把握陰陽，呼吸精氣，獨立守神，肌膚若一，故能壽比天地，無有終時……。」

岐伯對曰：「古人知道，『法於陰陽』，『和於術數』，起居、食飲『有節、有常』，能『形與神俱』、百歲乃去。」《內經》上古天真論）

經文提到了人的年齡，是應該活到百歲以上的，事實上活過百歲的非常稀少；岐伯解說的「法於陰陽」見解，是身體內外、陰陽互換運動，及於內臟組織活絡，細胞健康的「得法」修持；「和於術數」也是現代生理學說的，體液環境的恆定機轉，意識自覺內修是消除意識相互干

擾，與意識張力習慣形成退化，意識阻礙清除、生命本能恢復，歸生性本然的血氣活絡、物質擴散活潑；得法的歸在生性運動內修，神氣活絡長生、自然「形與神俱」；

意識自覺運動內修，意識的澄淨、業障阻滯消除，人的身心活動在生性本然狀態時，其生活起居或飲食，也自然「有節、有常」；這神氣長生的健康狀態，也是生性、細胞存活的體液、內在環境，組織機能隱定，新陳代謝活潑，細胞吃得飽、不衰退，生命本能的發揮，自然百歲的「盡終其天年」，比較接近「岐伯對曰」解說的義涵。

生理學者從自然中單一分子，與人體細胞通透功用的研究，如某形狀蛋白質、或納離子如何使細胞膜產生鈉分子通道，使鈉進出細胞膜，或人體含鈉量的調節等，是細胞在體液中物質離子化通透的正負電性活動，也是生命本然的新陳代謝作用；身體內外與自然間的電子鍵結互動變化，像皮膚細胞與體外各種元素，分子的負離子活動，也都是自然生命現象；人體內外組織、細胞通透的物理化學變化，是古文化的陰陽變易，與「把握陰陽」，或磁場之類的說法有關。

人體組織中，分子的隨機熱運動，如人體骨質細胞生態的固態擴散作用；在肺泡空氣中，氧擴散進入體液，或二氧化碳分子，從體液中擴出，進入肺泡的空氣中，是肺部呼吸的氣態、液態擴散移動。又如在組織微循環與體液間，氧與二氧化碳分子，或各種物質分子進出的擴散移動，形成血氣活絡的液態生機活動等等。

如在清晨運動中，各種熱身動作或拳架的緩慢運動，

身體組織熱效應的神氣活絡全身，趨向覺性清純、自覺主導活動時，緩慢、深長的腹式呼吸狀態，在肺臟支氣管、大小通氣管道，趨向空氣對流、濃度擴散移動的形成，體外較高濃度的氧元素擴進，肺部二氧化碳分子高濃度的擴出，肺臟與外界氣體濃度不同的，在大小氣管道形成擴散作用本然，即古來《太極拳經》的「養先天之氣……故無窮盡」的丹田吐納進展；在吸氣時，二氧化碳分子本然的在呼吸道擴散出體外，反之，呼氣時，氧元素本然的經呼吸道擴進體內；形成呼吸道與體外的氣體成分濃度，高低不同的擴散均勻活動效益。

　　意識歸合全身神經覺性內修，不在意於神氣、呼吸氣或其他內氣的活動；歸覺於神經元、整合全身細胞生性，覺的純清、細胞覺性貫連，內在組織體液擴散作用，與皮膚組織的通透活動本然一體感知；腹式呼吸氣無窮盡的緩慢深長本然展現，氣海、血海、水谷之海的鬆、縮一體的呼吸泵作用，內臟、身肢同步運動、或肌肉泵作用，都在髓海統合神氣開合、筋絡活動，全身組織神氣活絡、舒暢，與肌膚清爽感知，也是身體無內無外的肌膚若一狀態；神氣活絡全身的運動狀態，漸進與靜坐內修狀態，歸合於自律本然，人的生命本能修持。

5. 神拳運動

身體運動內修，關係內外隱顯意識層面，每個人的意識狀態不一樣，內修深入各層面，與展現的現象都不同，所以，內在運動修為解說不易，在本節中或其他章節，會有許多類似解說，不同點切入說明或似重複，都對習者內在運動很有助益；秘傳拳術的內修，與道、禪靜坐修持同步，過程都是身心全面性、根本性自覺的發展。

靜坐內修起於自主功能本然，從自律功用的組織活絡因子發動內修；對身心自覺、心性自覺到生命自覺，各章節的深淺說明，都是珍貴經驗。

5－1 身心健康的依歸

太極拳術陰陽運動規範，從身體、四肢招式的交互變換，深及內臟組織陰陽交互運動，組織的虛實、鬆緊互推，全身組織血液交互活絡；在緩慢的拳架活動，內外陰陽互推，全身重量在虛實交互運動，形成組織重力運動、耗氧進展；或如上身前後左右，與上下活動的身體外推，反作用力向腰腿下盤加重，運動面擴及內外組織的大運動量，足以把全身細胞的耗氧量提升到最高點，並同步促進體內恒定功能，肺泡大量摘取氧分子的機制反應。

這神氣主導拳架運動狀態，是內在自主功能、虛無意

識自覺貫連，導引神氣活絡身體、四肢招式變換運動；吸進空氣、變換招式時，神氣沿中脈向下、落在實腿腳掌，單腿支撐全身重量；自覺擴向全身週邊，覺性貫串虛腿、雙手招式變換外，神氣擴遍全身組織、意識自覺內含的蓄勢；也是《拳經》的「蓄勁如開弓」運動狀態。

與呼出空氣、出招時，全身各角落自覺、神氣彙集中脈，力根在實腿、單腿腳掌，發之於腿、整勁於腰際內外；先收小腹、上提海底穴，然後，小腹內外肌群再自覺緊收，與由內而外全身緊縮的出招，也即腰勁自覺經脊髓上貫雙臂、形之於掌指，自覺貫串、覺到血氣到，是勁根所在，不用力、不用意的自覺含蓄使出，這狀態的長期運動養成，在拳術體用上，自能如《拳經》的「發勁如放箭」。如此吸氣導滿丹田、神氣擴遍全身組織鬆放的納氣，與呼氣時，全身神氣呼出、吐氣與緊縮，都在身體虛實、陰陽互換運動過程，經內在虛無意識靜澄進展，也是一段較長的運動修程；神氣歸根於組織、生性本然，細胞、生性自覺運動面的擴大，細胞漸進全面健康發展。

虛無生性自覺運動，是性功「無以為用」的運動修程，運動中細胞生性恢復健康，如衰退的許多功能細胞復健，各種T細胞免疫功能恢復，細胞基因層面的生性病變，如糖尿病的相對減輕，與病源組織功能的恢復、病根漸進的消除等。

運動及於全身組織細胞，血液中氧分子濃度提升，直接禦制癌細胞的活躍，與使已衰退的好細胞得到氧分子的正常代謝，好細胞、免疫細胞健康的提升，也禦制癌組織

的成長；這運動提升血液中含氧濃度，也消除了癌細胞喜歡的二氧化碳高濃度環境，同樣禦制癌組織生長，使體內良、劣細胞群生存競賽立判輸贏；運動得法使維持生命的良性細胞向健康發展，病變不惡化、戰勝癌組織，應是目前癌症最有效的療法。

祕傳拳術內修的身心自覺運動，直接鬆及全身組織、血氣活絡運動，在自律的內臟組織直接運動，如腸胃官能直接運動，改善食物消化與吸收效益，也是此時抗癌、制癌首要；整個祕傳拳術運動過程，都在防癌、抗癌的有效運動進展。

人體內在功能活動，大部分主要器官、組織系統，都在生命自主性活動領域之中；始於身心、意識自覺運動開始，內在功能層面意識虛化，內臟各功能組織直接運動健康，解除功能病變。

與深入全身組織生性自覺進展，消除人體老化主因的意識蘊積，解開組織僵化、微循環管道阻礙，血氣活絡、細胞代謝活潑，如免疫系統的功能恢復，使得受傷的傷口迅速癒合，對常時新陳代謝產生自由基，導致DNA突變病症、細胞退化，或如生活壓力、病毒污染產生不隱定分子等，都具有驚人的防制能力與化解功效。

此時深及細胞全面運動，強化細胞質中DNA主導蛋白質合成正常化，更是消除生性病根、細胞恢復生命本能的時程；細胞全面運動健康，細胞敏覺活潑，是內在勁道根源；進而，腦性統合全身細胞運動，向生性自覺拳架內修進程。

5-2 生性運動開展

心性自覺進入組織生性自覺運動，四海通暢的及於組織體液擴散熱絡，在細胞生性通透等功能上修持；全身組織細胞活力的覺性，經神經網絡、脊髓神經元整合，統合於腦組織生性的全面運動；週邊各官能組織意根覺性運動、耗氧，關係體液內在環境的擴散穩定，是細胞功能活潑的復健時程；生命自覺運動內修、細胞生性活潑發展，也即道家的「性功」修程。

人體內臟組織勁道、內在不隨意肌群的伸縮活動，比身體、四肢活動外在，隨意使控的骨骼肌群慢上許多，內臟器官、功能組織的平滑肌群縮短，對ATP機傳、使用慢速率，長期運動下也不易產生疲乏；是緩慢的運動內修，經內臟組織健康、內在肌群勁道養成，與由內在主導外在運動的內外雙修運動根據。

人體內外組織的運動徵召，由腦中樞運動功能區塊控制，經神經元傳導全身內外運動指令；初期運動的身心意識自覺，外在自能使控的「人心」鬆放，自覺的等待運動徵召；此時的隨意肌群運動，只有較少的快糖解肌組織運動單位受到徵召。

太極拳的緩慢運動，在使多數氧化肌群組織產生活性，是耐疲乏、持久運動的組織，如背部、腿部肌群，支撐全身直立體姿張力，須維持長時間收縮活性、不疲乏。

身體組織中被活化的神經元數目越多，接受運動徵召

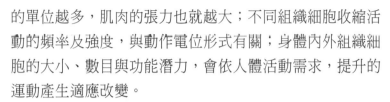

的單位越多，肌肉的張力也就越大；不同組織細胞收縮活動的頻率及強度，與動作電位形式有關；身體內外組織細胞的大小、數目與功能潛力，會依人體活動需求，提升的運動產生適應改變。

如長期緩慢的心性自覺運動、性命雙修，深及全身內外組織細胞運動，擴強組織收縮活性、細胞體積的增生，及ATP機轉生成能力加強外，運動中被徵召的快氧化肌、慢氧化肌細胞中的粒線體提升，與這些細胞周圍的微血管數目也會增加，組織細胞耐受力增強、不容易疲倦，因為氧及營養分子送達組織、代謝效率提升；是真正及於細胞健康、得法的有氧運動，此際的覺性運動、耗氧時程，也是太極拳內修的延年益壽精華。

潛隱不顯的各內臟意識，隨著各種運動方式的進階修程，在廣闊的天心領域或已有部分能感知；此時，在身體週邊神經組織自覺，身心自覺、覺的全面貫串運動，內臟各自律功能隱在意識顯知，與部份內臟意識趨向虛淨進展，組織意根覺性漸進活潑，感知體內動、靜脈系血液相對流動，向隱在交感、副交感神經活絡，歸腦中樞整合的內外自覺運動。

運動中，丹田吐納上下活動，存在另一股相對活動神氣，是內在功能恆定本然現象，在人心範圍鬆放、自覺的被動，以內在自律功能組織覺性主導身心全面運動，解除內在各意識活動的相互干擾，與意識虛淨的神經覺性整合運動，自然傾向心性自覺運動境界發展，此時運動已不在於氣的周天運行，身心自然靈活、血氣傾向活潑狀態進

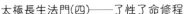

展；人在心性一體、全身組織自覺運動狀態。

　　腦、脊髓中樞自覺統合全身組織運動，天心領域能夠感知、影響意識狀態的內層動力是覺，是歸組織覺性的無內無外，在組織生性全面自覺的統合於腦性運動狀態，內、外因素效應歸於組織體液的活絡，細胞新陳代謝活潑的反射，很容易出汗、效益極佳，血氣熱絡的流暢、內在生機盎然；有如《陰符經》說的「絕利一源」運動效果。

　　內在功能自覺的維持，部份組織意根澄淨，或週邊神經意根顯知，體液內在環境恆定，細胞代謝活潑，部份組織細胞本然功用恢復，漸進趨向脊髓中間神經元後層，腦組織生性自覺發展外，脊髓前的交感神經節反射神經活動的顯現，此時身肢的運動神經分支，與自律神經的交感反射同步貫串，形成週邊的神氣內外貫連，內斂身軀、外現肌膚，純覺自如的運動狀態；進而漸漸的使隱在的後層腦中樞顯現，在腦、脊髓中樞若隱若現的統合發展；這進程是內臟器官組織部份意根顯現、覺性活潑，身體週邊趨向組織細胞全面性運動、健康的進程。

　　《黃庭經》說：「六腑五臟神體輕，皆在心內運天經，晝夜存之可長生。」《內景經》第八章）。

　　人體各功能系統，由神經系統的脊髓、腦幹快速整合，統合於腦中樞各功能組織區塊；內藏器官、自主功能作用，源自其組織細胞的生性活動，全身細胞、生性作用統合於腦性組織，腦神經組織主宰全身功能活動；體內自主功能組織活動的「天心」意識自覺，經脊髓整合於腦幹、統合於大腦中樞自覺活動，或下行神氣沿脊髓神經、

脈絡擴遍全身，如天心內臟組織的鬆縮運動，神氣由內而外活絡、及於全身組織，意識的澄淨、向生性自覺運動進程，都在生命自主功能的天心領域內修，即「在心內運天經」的註解。

常人五臟六腑的運動，內臟功能組織不衰退、無病變，這身心、內外兩極運動，丹田吐納的深入內臟自主功能，有恆心的運動、功能不衰退，心意虛淨的養神氣，趨向全身組織血氣活絡、細胞不老化，或復以「存神安心」的神經系統自覺內修，神經元主導全身細胞自覺的神氣活絡，與及於常時生活中、神氣長生活潑狀態，即「晝夜存之可長生」義涵，也如《胎息經》的「知神氣可以長生」所指；要身心意識虛化、沒有靜的問題的了性階段，須以靜坐方式輔助，內在自律本能的活絡因子發動內修，經意識全面性、根本性的自覺發展，向腦中樞組織細胞意根顯現、純覺活潑的見道過程；如老子《道德經》的無為道修，腦中樞靈覺活現見道，或佛家禪修的見性境界，向生性、細胞全面恢復健康進程。

5-3 神的概念

在前面，體內「氣」的活動中談及，古來文化對「氣」字常與「神」通用；神、氣在動、靜態的內修上，是互動共生的「無形體」，有些地方指謂又不盡相同；都是人體內、或顯之於體外，可以感知、或還感知不到，人體內、外或隱或顯的生命活動狀態。

　　人的生命在全身細胞，人體中200多種不同功能細胞，組合各種功能系統組織，生成了人的身心、意識體；從人的生理、心理功能兩個層面來說：

　　生理上，為了協調數以兆計的全體細胞功能作用，體內存在兩個控制系統；神經系統直接快速控制、整合全身機能，統合於腦神經中樞組織，也即由神經元、神經細胞整合全身細胞生性，全身神經纖維由腦幹整合中心，統合於大腦皮層各種功能區塊的組織細胞；如人體功能機轉、內在環境恆定，組織血氣活絡、細胞代謝活潑，健康、有活力的展現。身體功能沒有衰退、弱化現象或不生病，維持生理上的健康狀態，如人的神情自在、生性活潑，也即身體細胞覺性清純、活絡，展現有靈性、有精神。

　　在心理上，人的心理、意識狀態，是身體細胞覺性活力的表現；人的生性清純、細胞活潑，自然靈覺活現的精神好、心理健康；人體細胞活潑、生命力展現是覺性純真。人的生性向外活動、求生存的發展，每個人的成長際遇不同，後天意識蘊積不一樣，形成了每個人不同的心理、意識狀態；如一個人的意識不清，沒有精神或精神不佳，或有意識偏執、神經紛亂，將形成心理病變或精神耗弱，神經病症傾向的不健康；是意識組障細胞覺性、阻障了生理功用，有健康的生理功能，不能正常發揮。人體意識自覺的動、靜態內在修為，身體意識陳積漸進清淨，消除生性阻礙、趨向清明發展，生性清純、敏覺活潑，人的神氣靈活、有精神，都在講人的身心健康狀態，歸向生理、心理一體的身心健康用語。

　　常人的精神或「神」涵蓋了人體內外，或隱或顯的各種意識狀態，或與隱在覺性的生命活動本體；人的知情欲等意識表現，或憤怒或愉快的表情，與腦內思想、念慮等意識活動狀態，是人體向外求生、展現的意識現象，與其中隱含的微微覺知狀況，或腦內思慮意識現象隱含知覺微微等，是常人對「神」知解的範圍；這些人體內外或隱、或顯的意識活動與現象，都不在本節主題中，意識自覺的意識靜澄、虛化，意識阻障的清除，組織血氣活絡、細胞覺性清純活潑，生性趨向純真、靈覺活現，覺性靈活狀態才是此時「神」的領域。

　　覺性貫串活潑、純覺提升的神氣活動，「神」已進階於虛微意識、覺性清純狀態；意識自覺的意識逐漸虛化，趨向於生性的純覺活潑發展，此時的「神」即「覺」的靈敏活動；人在神性、覺性純真本然狀態中，「神」是「生命細胞集體」活力展現。

　　如統合生性的腦中樞組織，能自覺本然的感知體內大小器官、功能意識活動，敏覺的知悉內在體液環境、血氣活絡狀況，趨向內在神氣清明感知發展；腦組織、腦性清明的感知身體內外，如腦組織覺性清純、靈敏的感知身外事物，覺知四面八方、外在天空，擴向極遠的地方，愈遠覺知愈虛渺的傾向於無，這虛無近於空的神性境界，也是意識狀態虛淨的精神清明。

　　靈覺活現的神性狀態，在身體組織之中、無所不在，活絡於全身內外，也及於遠方或整個大宇境界，這人體靈覺活現的神性，也是佛家的般若、智慧；當一個人已見到

自性活潑狀態的時候，生活在生性本然的「隨所住處恆安樂」狀態中，人體還是要吃飯、睡覺，生活、居家，或有意識波動中過日子，只是不存在意識追逐中過活；這生性敏覺、神性自若常態，即是道家解說的──神的概念。比如道家的「凝神入竅」就是身體內外靈覺狀態，或遠處虛無景象、覺知，歸引觀守的組織部位、竅穴自覺；「神氣合一」是身體無內無外的「肌膚若一」自覺的神通狀態，全身皮膚組織通透氣與皮內組織擴散歸合，也是意識虛化、覺性清純活絡狀態，身體內外靈覺如如的感知體外遠方，人的生性怡然自得的內外如一。

　　這是人的身心、意識自覺內修，向細胞生性自覺修程，使生命本能的意識阻障，依隨修程漸進清除，是功能退化恢復的健康源泉。

5－4　神　拳

　　祕傳拳架運動、修練過程，從全身內外組織陰陽互換、重力運動，數倍提升的心血管血液流量，由全身組織微循環全面承受，全身細胞得到充分的耗氧效益；此時加上組織、細胞的全面運動，細胞充分耗氧啟動生理本能的組織代謝活絡因子，心性自覺的拳架招式運動，覺性清純覺、活潑進展，神經自覺的貫串、神氣活絡效益，拳架運動已在太極拳術的神拳狀態。

　　可以隨著拳架的熟練程度，漸漸養成能快能慢的招式變換；在腰胯沉穩、內勁含蓄的加快養成，以身肢活動無

漂浮錯亂為限度，動作沉穩的陰陽互換變動間，全身覺性貫注、神氣活絡內斂，四肢互動自能靈覺活潑；於招式轉變處的慢，過了轉變處就逐漸加快，運到落點處時最快，以後又轉緩慢的周而復始練習，使招招拳式變動能快能慢的養成；在心性自覺及於細胞全面運動，與神氣活絡主導拳式快、慢變動練習，自能有如《拳經》的「內固精神，外示安逸」狀態；這本於覺性貫注的招式演練中，自然而然的快、慢變換自如。

與招式開合、虛實分明，向小虛小實，與內部有虛實、外表不見虛實境界養成；趨向手腳輕靈發展，手腳自覺可演化，歸於神氣本然而動，在全身筋骨、肌肉的「陰陽」互動中，主導和互動的連結，與鬆放、自覺自在之間，主動與隨順輕靈自如狀態，周身靈覺活現的新境界進程；拳架運動的內在狀態，如《拳經》的提示：「始終不斷，週而復始，循環無窮，如長江大河，滔滔不絕。」比喻。

人體內在各種物理化學的自律作用，如組織體液的離子感應、濃度擴散，產生化學信使反映的步驟，或細胞膜電位正負變化、通透作用，蛋白質極性結合或相斥的電性作用等，物質進出細胞膜活動，是體液中物質分子本然的生命功能。

細胞在體液中更惟微的離子化活動，最微妙的一端在體外，是生命與大氣中負離子的互動關係，如皮膚組織的透氣感知，是身心、性命與大自然同步的作用關係，這身心與大氣間互動作用的感知，就如前述運動中，全身神氣

活絡向無內無外感知，融合於大自然整體流之中；或如這神氣活絡全身內外狀態，也能及於不運動的常時生活中，將又是另一昇華、新的健康境界。

這些內在運動、及於細胞健康修程解說，只是例述性的指明正確路徑，習者運動到達此時段自能明白。

體內神氣上下貫串活絡，表面極其軟棉，內中卻神氣活絡、內含剛堅，招式活動間能慢到方時快，快到圓時慢，形成滔滔不絕、起伏自如的高階拳術運動狀態；這神氣活現的神拳運動狀態，是身心同步健康、細胞全面向生命本能恢復發展；這細胞本然的全面恢復，也是生性病根的清除，如糖尿病變功能的康復等等。

6. 太極長生法門

祕傳太極拳術,是武術內修完整的傳承,作者以拳術運動經驗、內修心得,詮述身心、意識自覺法門,在人體內在自律功能直接運動、及於全身細胞健康,是本系列著作的階段旨要。

內在領域的直接運動,始於意識自覺的養成腹式呼吸,與腸胃道神經分支同步運動,腹腔靜脈血液的呼吸幫浦活絡全身;先經呼吸、消化兩系統運動與健康,營養、代謝功能復健開始,及內臟全面運動進展與健康,與隱在自主功能意識顯現與自覺、澄淨,意識淨鬆及全身組織,深入組織生性、細胞運動修為,向全身細胞健康發展的經驗著述。

本系列「入門」、「進階」、「性功運動」深入,到本冊「了性、了命」四冊,都以現代生理常識用語,解說古來太極武術內修運動過程,依人體內在自主功能本然,漸進深入細胞生命本能運動,直達人的生性、細胞全面健康的方法。

這依人體內在運動的設計,解說祕傳拳術內修運動過程,只要理解的循序漸進內修,勤而行之的向內運動修持,延年益壽是人人可及的,所以,本系列著作以「太極長生法門」為名立義。

直接內臟、組織細胞運動及於生性健康,是現代中西

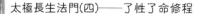

醫學上所沒有的、最有效的人體運動方法；在社會上身心健康的人口比率升高，是全民生活幸福與進步，與社會安定的根基，將老祖宗可貴的運動、秘密傳承文化，具文解密、惠及社會大眾，人人知道對內在自主功能的正確運動，身心全面健康的方法，是本著述希望指標與努力方向。

或如將這古來祕傳，西醫學上最新的內臟直接運動方法，列入院校的健康主修課程，普及於年輕後代、源源流長，歡迎先進同道、生理醫學家指正，與識者共襄勝舉。

《易繫辭》說，易有大極，是生兩儀，兩儀生四象，或四象生八卦，易經是古來解說天理、人道的學問。「大極」也稱太極，是陰陽未分、天地渾沌之際；兩儀涵蓋天地、日月、陰陽、男女，或正負大小、長短、高低等等相對的兩方；生四象有如時節的陰陽晝夜、日月變換，向一年四季、輪流變化發展。

或如拳架運動的陰陽腿，向四正方與四斜方的招式變化運動，再加入向上、向下兩方，形成十方完美表徵的拳路；將外在身體、四肢自覺的鬆放，由內臟主導全身、內外運動，與意識虛淨，組織鬆緊兩極的運動進程，直達細胞生性、無極層面健康；內在自主功能與生性本能的力勁產生，或細胞內外離子化穩定、通透活絡本然的純覺狀態，即張三豐解說「太極拳」與健康效益所在。

太極拳術內臟運動、組織血氣活絡，及於細胞生性、恢復生命本能的健康過程，以人體組織的生理功能來說，除了佈滿全身的交感、副交感神經纖維的相對活動，尚有

大小動靜脈心血管循環，或幾個細胞間、密佈的微血管循環，與相對的淋巴激素活動等等，都在體內上下、前後陰陽顛倒活動內外，體液中細胞膜內外的正負電子變動，形成離子活絡的微微覺知，都存在隱顯的陰陽、上下相對互動；人體細胞生命活動展現了覺性，老子以「骨弱筋柔而握固，精之至、和之至」，解說人體在孩子時代，生性純覺、生命力旺盛，精氣神調和、活潑；成長過程的後天意識蘊積，在大小官能組織形成意識習慣活動，使體內神氣活動不順，是心理功能上的緊張、阻礙，如不同意識相互干擾，形成阻滯、血氣不活絡，組織僵化、細胞衰退與老化等等。

所以，本系列的拳術運動，以身心、意識自覺運動，從外在的八卦、四象、兩儀等意識現象，向內在天地、隱在意識，身心全面自覺深入細胞運動；並以「意識自覺」門徑，進入內臟直接運動，各功能意識澄淨，深入細胞、生性自覺運動；細胞全面運動、生性衰退恢復，使細胞基因中隱在的先天壽限意識不發動；細胞健康、並向老子的「復歸於嬰兒」進展；全身細胞純覺活潑，生命本能的發揮與運動維持的不衰退，即本系列標示的「長生法門」所在。

6－1 壽限制約

在性功運動（三）的1－3.生物規律中，已談及物種的社性生態，如何不啟動人體壽限時鐘等等；消除壽限制

約的法門,在生命本能的恢復。

　　大自然的生命特性,是生生不息本然,各種生物存活的演化過程,從現在存活的物種來看,都各有其物種求生的本能,較強勢的物種,以優越枝能、體力,或智能優勢維生,有能飛善潛或用速度求生,較弱勢的如以大量繁殖延續物種的生存,又如螞蟻、蜜蜂,以嚴密社性組織分工延續後代,或以冬眠、遷徙對抗天候,配合環境變換身體顏色的求生現狀,都是各物種長期物競天擇的進化,與物種代代存活經驗,形成先天意識基因傳承。

　　生物的生存,個體發展求生能力是本然,與延生後代的兩性結合,形成族群協力的求生社性,與物種間競生、種的延續外,尚有生存環境、存活資源限制,需要高度進化的自我制約,也是現在存活在地球上的生物,各物種的個體生命壽限制約,個體衰退的死亡換取族群延生,以傳宗接代延續物種生存的現況。

　　大家都知道地球上許多石油蘊存,源自古時候動物的死亡,也知道古代恐龍之類的強勢動物,如生命力強盛、不死的大量繁衍不止,形成龐大族群的食物需求,超越了有限的存活資源,食物不足自然趨向滅種發展!

　　以現在的醫學常識,知道成長過程的後天意識蘊積,形成人體功能阻礙與衰退、老化之外;還有人體壽限制約源自先天意識的基因傳承,是人類先祖物競天擇演化、存積的先天意識,在細胞基因之中代代流傳,如生命始自父母的精卵細胞,在母體外、輸卵管中,各半基因結合的單一細胞生命,經過著胎與細胞分裂、特化構成人體組織

（入門1章）。

生命來自雙親細胞的分株，源白人類先祖細胞分化的代代傳承，我們現在、每個人的生命，已存活於若干億萬年之前、祖先細胞分株；體內延續人類求生過程的先天意識，內含古始求生過程、代代存活進化，與環境演變經驗，包括人的壽限制約基因存放於細胞核之中；如何使壽限制約不啟動，在於細胞的健康，生命本能的恢復，如道、禪的靜坐內修，消除生性的先天意識；經生命自覺靜坐修程，純覺顯現的見道、見性。

6－2 「道」「禪」靜坐接軌

人體的生命與整個宇宙生命息息相通，生命元素、分子鍵結與大自然活動同步，體液中離子化活動，最微妙的一端在體外，與大自然分子變動整合；如功能上的呼吸、消化、泌尿，體液中分子擴散或細胞通透作用，都關係大自然的整體流活動；又如自然界大環境的食物鏈形成，與蔬果類從水和泥土中吸取養分，成長為有機體分子供人食用等等。

從人體結構形成自物質，一個人活著的時候，體內腸胃中的消化物或結石、假牙外，全身皮毛、指甲組織，都是細胞生命的東西，都是元素組合的物質，只是生命藉著物質顯現作用，或說生命與物質的結合；生命本體只有覺知的「無體無相」，如果生命退出身體的狀態，也可能是我們死後的境界或隱於現實境界中；生命的純覺、無

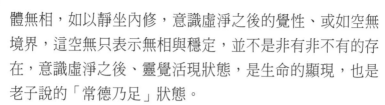

體無相，如以靜坐內修，意識虛淨之後的覺性、或如空無境界，這空無只表示無相與穩定，並不是非有非不有的存在，意識虛淨之後、靈覺活現狀態，是生命的顯現，也是老子說的「常德乃足」狀態。

靜坐是體內各層面蘊存意識的清除過程，消除阻礙生命本能的意識蘊積，使內在自主功能活潑，向細胞、生性本然活絡的修程。

人體各種意識活動與意識現象，亦是佛家的各種業力，如何靜坐、修真達性，人體內在修持的見性見道，老子的長壽經驗、禪宗的佛土淨，在人體內在自律活動、隱在意識阻礙的清除，直接恢復人的生命本能與健康，可參看我的著述，有關道、禪靜坐內修著作，啟開人體的生物天擇壽限祕，經後天意識虛淨，向細胞胎息靜坐進修，消除物種先天群性的淘汰計畫，人體的老化傾向意識，人的身心狀態，維持在細胞純覺、生性本然中；在見性、見道境界的人，感受不到時間和年齡的威脅，自然生命本具滿足、強健本能的狀態。

祕傳拳術運動及於細胞全面健康，內在自律功能直接運動、深入組織生性健康，與生命自主本能的靜坐，進入細胞全面活潑的見性、見道接軌；也是人人都修得到的今生福音。

這古來仙、佛的健康境界，在於自己的身心本然中，老子以「上士聞道，勤而行之」的要人去求真得實的努力；常人都在意識層面上作功，對生性上「無」的層面所知不多，內在生性解說、平實無華，老子有「信言不美」

之喻；只要對生性細胞、生命本然的理解，真知實信的自悟自覺內修，健康、圓滿境地在自性中，也即《六祖壇經》般若品的「本性是佛，離性無別佛」；意識向生性發展的內在解說不易，生性道理沒有共同語言，以外在例述解說內在，需要習者自覺悟知；將這大眾福音、大家傳揚與共勉之。

王延年老師（中）與眾師兄們 合照於圓山總教練場

中右側起：林文雄師兄、吳添福師兄、作者、陳德誠師兄；

中左側起：李進財師兄、林景泰師兄、李根在師兄、陳福隆師兄。

7. 勤而行之－幸福人生

　　從自然生態上來談人的生命，人體細胞存活在人體內在環境中，與自然間的其他細菌、微生物等，細胞單體生物的生態一樣，只要適合其存活環境的維持不變，細菌、微生物就能繁延不息的存在──長壽；人體內在體液環境的穩定、功能的維持，是細胞功用活躍的延續──人體就維持健康。運動是創造適合全身細胞生存的內在功能環境，使全身細胞在組織微循環的體液中，新陳代謝活潑、永續存活，人體功能不退化、或使衰退的細胞功能恢復本然的活躍。

　　源之於自然生命的力量，築構了地球上各種生物的生命體，生物的生命狀態是自然的大能實體，細胞生命力旺盛是自然的本能、生命的天性；人體先天社性生態的基因隱在、壽限意識，與大自然生命力強健本能，在人體中形成了消長互動的常態，只要身心運動及於組織細胞，細胞生性不受阻礙、不衰退，細胞生命力本然活潑，人的健康狀態將如青壯時期。

　　先天壽限意識穩在、不發，也即生理學上的生命壽限時鐘不啟動，身體細胞維持本然活潑、生命健康，人的長壽是可及、而沒有秘密的。這身心全面運動能夠勤而行之的維持，生命的永續經營之道──長壽是本能，人人努力

就可以達到的常識。

太極長生法門的運動修程，經蘊積意識的靜虛、心理層面的清明，使人的身心同步趨向健康發展；經自律功能的內臟全面健康方法，是立基在人體本然的身心運動方法，也是人體生理與心理的同步健康；若能依介紹、得法的深入全身組織層面運動，就是人體抗老化的運動，每日恒心運動的維持是人體長壽的根本。悉依入門（一）第五章所安排的每日內修菜單（5－3小節）做熱身運動後，開始練各段拳架內修，將每日運動生活化，每天運動投入的時間，得到身心健康、長壽報酬率是無限量，比《聖經》說的「賺到全世界財富」的投資獲益還高。

人體隨著年歲增長的衰退、功能弱化或有病變產生，都是每個人早晚會經歷到的生活常態；現在的社會經濟、人文生活水準在提升，身心健康是每個人需要、與優先。人的身心健全、性情趨向穩定發展，社會的憂、樂競逐也能看淡，人自然就有自信獨立、與自強的性格；意識趨向澄淨、覺性純真進展，生理器官功能自然漸漸活潑，心情不易受外界影響。

這得法的運動維持、不用擔心病痛辛苦，俗語有「久病無孝子」，自身不病痛能健康、子孫家人都輕鬆，家庭生活自然和樂；人體的身心健全，在生理上無病痛外，生活自在、對人生能有滿足感，所以有恒心的做運動附加價值是無限的。

社會中個人身心健全，除了自身、家庭幸福之外，關係著整體社會的人文生活素質，社會大眾的身心健康提

高，更多有自立自信的強者，與更多愛心的個體，使社會進步、人文素質的提升；反之，許多弱勢性格是迷信風氣、偏激行為的根源，社會不安定、會亂，原因在不良的風氣。

身心健全的人，知情欲能自我平衡，增長慈懷、同情心，能建立良好的人際關係，這自信獨立、與自強的性格，也是事業經營、國家社會發展的原動力；更是家庭幸福、社會安寧、與堅實國本的基礎。

若延續向內在生性自覺靜坐修持，經週邊進入生命整合層面、與統合中心的道心過程，腦性道心活絡感知，週邊生性自覺內修的勤而行之，向自性具足、圓滿境界發展；這知足、幸福的今生長，也是神氣長生、生性自覺內修全程。

太極長生法門（四）－了性了命修程終

太極長生法門（一）「入門」目錄：

自 序

作者與師父 上壽子 王延年老師合照

1. 前 緣

　　1－1. 楊家秘傳太極拳術的傳承

　　　　　歷代師尊 照像

　　1－2. 古老的新問題

　　1－3. 認知 太極拳運動

2. 我們的身心組構

　　2－1. 人體老化

　　2－2. 健康所在

　　2－3. 身心、意識一體

　　2－4. 覺與意識

　　2－5.「意識自覺」門徑

3. 丹田吐納內修

　　3－1. 腹式呼吸——內修入門

　　3－2. 呼吸原理

　　3－3. 自然呼吸

　　3－4. 人體耗氧 與代謝功能

　　3－5. 體內相對作用力

　　3－6. 認知 肺呼吸量能

　　3－7. 丹田吐納法

　　　　　3－7－1. 靜態的練習方法

　　　　　3－7－2. 彎腰加深呼吸的練習

　　　　　3－7－3. 動態練習進階

4. 內臟各功能運動式

　4－1. 人體最佳的生機運動

　4－2. 內臟運動練習式

　　　4－2－1. 向前彎腰、半坐勢

　　　4－2－2. 左右彎腰、半坐勢

　4－3. 消化功能促進式

　4－4. 內臟全面運動式

　4－5. 心肺功能促進式

　　　4－5－1. 向前單腿站樁式

　　　4－5－2. 左右單腿站樁式

　　　4－5－3. 兩側離地單腿站樁式

　4－6. 健腸壯胃式

　　　4－6－1. 下勢一式

　　　4－6－2. 下勢二式

　　　4－6－3. 下勢三式

　4－7. 身心運動養成式

　4－8. 氣存丹田

5. 內勁根基養成

　5－1. 體內「氣」的活動

　5－2. 周天導引

　　　5－2－1. 大周天路徑

　　　5－2－2. 腹部小周天

　　　5－2－3. 上身周天

　5－3. 每日運動菜單

　星期一：內臟全面運動日

　星期二：身心運動日

　星期三：心肺功能日

星期四：內臟全面運動日

星期五：身心運動日

星期六：健腸壯胃日

6. 秘傳 基本拳法

　　6－1. 基本拳勢 拳譜

　　6－2. 招式活動方位 與順序

　　6－3. 陰陽腿 開始

7. 基本拳勢 學習

　　(一). 預備式、起勢

　　(二). 第一個正方

　　(三). 第二個正方

　　(四). 四斜方 .

　　(五). 合太極、收勢

8. 內家拳術 運動開始

　　8－1. 拳架的內修

　　8－2. 去除硬勁 以養柔

　　8－3. 身肢放長 備養勁

　　8－4. 內臟主導全身運動

太極長生法門（二）「進階」目錄：

自　序

1. 秘在拳架運動中

2. 古今的長生門徑

3. 每日內修菜單

4. 拳架學習開始

5. 秘傳第一段拳架學習

　　5－1　楊家秘傳第一段拳譜

　　5－2　一段拳法解說

6. 秘傳第二段拳架學習

　　6－1　楊家秘傳第二段拳譜

　　6－2　二段拳法解說

7. 拳架練習

　　7－1　內外同步運動

　　7－2　自覺的彈性運動

　　7－3　蓄勢待發的拳招

　　7－4　陰陽互動上下相隨

　　7－5　虛實比重的調節

　　7－6　腰脊主宰、貫串全身

8. 自律運動養成

　　8－1　剛柔勁學習

　　8－2　槓桿力勁的修為

9. 性命雙修入門

　　9－1　運動量的增加

　　9－2　沉穩、輕靈的拳架運動

太極長生法門（三）性功運動目錄：

自　序
前　言
1. 人的生命是實體
　　1－1　自然生命
　　1－2　人體的生命活動
　　1－3　生物規律
2. 全身意在神
3. 秘傳第三段前段拳架學習
　　3－1　楊家秘傳第三段前段拳譜
　　3－2　三段前段拳法解說
4. 拳架內修要點
　　4－1　血液的大小循環
　　4－2　身心全面運動
　　4－3　提升運動量、耗氧
　　4－4　身心解放、自覺新習慣養成
　　4－5　深入組織真鬆
5. 拳架的自覺內修
　　5－1　內外雙修、練的時程
　　5－2　使控意識鬆淨
　　5－3　自覺運動進展
6. 神氣擴遍全身修程
　　6－1　氣斂入骨
　　6－2　自覺貫串修習
　　6－3　修的時程
7. 性功運動
　　7－1　血氣活絡與大氣整體流
　　7－2　細胞運動

彩色圖解太極武術

1 太極功夫扇
定價220元

2 武當太極劍
定價220元

3 楊式太極劍
定價220元

4 楊式太極刀
定價220元

5 二十四式太極拳+VCD
定價350元

6 三十二式太極劍+VCD
定價350元

7 四十二式太極劍+VCD
定價350元

8 四十二式太極拳+VCD
定價350元

9 楊式十八式太極劍
定價350元

10 楊氏二十八式太極拳+VCD
定價350元

11 楊式太極拳四十式+VCD
定價350元

12 陳式太極拳五十六式+VCD
定價350元

13 吳式太極拳五十六式+VCD
定價350元

14 精簡陳式太極拳八式十六式
定價220元

15 精簡吳式太極拳架·推手三十六式
定價220元

16 夕陽美功夫扇
定價220元

17 綜合四十八式太極拳+VCD
定價350元

18 三十二式太極拳四段
定價220元

19 楊式三十七式太極拳+VCD
定價350元

20 楊氏五十一式太極劍+VCD
定價350元

21 嫡傳楊家太極拳精練二十八式
定價220元

22 嫡傳楊家太極劍五十一式
定價220元

23 嫡傳楊家太極刀十三式
定價220元

歡迎至本公司購買書籍

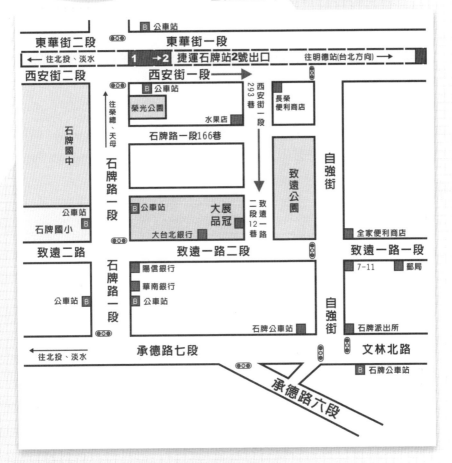

建議路線

1. 搭乘捷運・公車

　　淡水線石牌站下車，由石牌捷運站2號出口出站(出站後靠右邊)，沿著捷運高架往台北方向走(往明德站方向)，其街名為西安街，約走100公尺(勿超過紅綠燈)，由西安街一段293巷進來(巷口有一公車站牌，站名為自強街口)，本公司位於致遠公園對面。搭公車者請於石牌站(石牌派出所)下車，走進自強街，遇致遠路口左轉，右手邊第一條巷子即為本社位置。

2. 自行開車或騎車

　　由承德路接石牌路，看到陽信銀行右轉，此條即為致遠一路二段，在遇到自強街(紅綠燈)前的巷子(致遠公園)左轉，即可看到本公司招牌。

國家圖書館出版品預行編目資料

太極長生法門(四)—了性了命修程／趙憲民 著

－初版－臺北市，大展，2012〔民101.10〕
　面；21公分－（自我改造；4）
　ISBN 978-957-468-903-3（平裝附數位影音光碟）
1.太極拳
528.972　　　　　　　　　　　　101015760

太極長生法門(四)——了性了命修程（附DVD）

著　　者／趙　憲　民
責任編輯／孟　　　甫
發 行 人／蔡　森　明
出 版 者／大展出版社有限公司
社　　址／台北市北投區（石牌）致遠一路2段12巷1號
電　　話／(02) 28236031・28236033・28233123
傳　　真／(02) 28272069
郵政劃撥／01669551
網　　址／www.dah-jaan.com.tw
E-mail／service@dah-jaan.com.tw
登 記 證／局版臺業字第2171號
承 印 者／傳興印刷有限公司
裝　　訂／建鑫裝訂有限公司
排 版 者／千兵企業有限公司
初版1刷／2012年（民101年）10 月

定　價／300元

大展好書　好書大展
品嘗好書　冠群可期